L'EREDITÀ DELL'ANTICO
Passato e Presente

3

LORENZO BRACCESI, ALESSANDRA COPPOLA,
GIOVANNELLA CRESCI MARRONE,
CARLO FRANCO

L'Alessandro di Giustino

(dagli antichi ai moderni)

«L'ERMA» di BRETSCHNEIDER

Lorenzo Braccesi, Alessandra Coppola,
Giovannella Cresci Marrone,
Carlo Franco
L'Alessandro di Giustino
(dagli antichi ai moderni)

Via Cassiodoro, 19 - 00193 Roma

ISBN 88-7062-820-5

a Piero
che vive nella memoria

SOMMARIO

PREMESSA

Sembrerebbe questo un libro programmato a tavolino o nato per raccogliere contributi di un seminario preconfezionato. Nulla di tutto ciò. L'idea del libro è nata quando, del tutto indipendentemente fra loro, sono approdati sulla mia scrivania i primi tre contributi che lo compongono. A questi ne ho aggiunto un quarto, di storia della tradizione classica, e ne è nato un volumetto, di fatto unitario, che mi pare risponda in pieno ai requisiti richiesti dalla collana che lo ospita: indirizzata, contemporaneamente, ad antichisti e modernisti.

Se però i primi tre contributi sono approdati sulla mia scrivania in ordine sparso, ciò non significa che sia del tutto casuale che i loro autori si siano incrociati per via sul tema dell'*imitatio Alexandri*. Il tema è da sempre di attualità nell'Università di Venezia dove essi lavorano o studiano. L'incontro con Pompeo Trogo, e quindi con Giustino, doveva divenire fatale a un certo punto del loro percorso. Ma chi sono gli autori? La prima, Alessandra, è una giovanissima ricercatrice con più frecce al suo arco, già segnalatasi per vivacità e originalità di tematiche di indagine. La seconda, Giovannella, è una studiosa affermata e apprezzata, con al suo attivo una lunga militanza di studi sul mito di Alessandro in età giulio-claudia. Il terzo, Carlo, dottore di ricerca, è uno studioso di storia ellenistica *geometrico ordine instructus* tanto per erudizione quanto per padronanza dei ferri del mestiere.

Mi auguro che il lettore noti non solo la disparità delle voci, ma anche – seppure nato occasionalmente – l'unitarietà dell'assunto del libro: che è quello di riproporre all'attenzione un intramontabile capitolo di storia ideologica, indagato attraverso il filtro di un unico autore e proiettato al di là degli stessi confini del mondo antico.

La dedica di queste pagine a Piero Treves è dettata dall'affetto; non dal vuoto ossequio accademico. Con lui è morto un fratello maggiore e un grande compagno di via. Come non pensare a lui scrivendo del mito di Alessandro fra antichità e modernità? Come dunque non pensare a lui licenziando questo volumetto? Se oggi esso vede la luce è perché – nell'assenso o nel dissenso – i suoi autori ribattono una strada già da lui percorsa con slancio di pioniere e con artiglio di maestro.

L. B.

Venezia, 12 ottobre 1992

I
L'ALESSANDRO DI TROGO: PER UNA DEFINIZIONE DELL'IDEOLOGIA

L'attualità che la figura di Alessandro acquista nel dibattito culturale di età giulio-claudia, grazie alle molteplici valenze della sua 'mitostoria', non manca di coinvolgere anche i resoconti storiografici delle sue imprese. Così in età augustea Pompeo Trogo – le cui *Historiae Philippicae* ci sono epitomate da Giustino – nell'ambito della sua 'storia universale', così più tardi Curzio Rufo nella diversa prospettiva delle sue *Historiae Alexandri*, non si astengono dal recepire gli echi di una polemica contemporanea che del Macedone fa strumento propagandistico e schermo ideologico di opposti schieramenti politici [1].

[1] Per il concetto di 'Universalgeschichte' in Pompeo Trogo vd. O. Seel, *Pompeius Trogus und die Universalgeschichte*, in *ANRW II* 30.2, 1982, 1363-1423. Per Curzio Rufo vd. aggiornamento bibliografico e bilancio critico in F. Minissale, *Curzio Rufo un romanziere della storia*, Messina 1983, 23 ss., cui si raggiunga A.B. Bosworth, *History and Rhetoric in Curtius Rufus*, «CPh» 78, 1982, 150-161 e A. Barzanò, *Curzio Rufo, storico di Alessandro e i Flavi*, in *Alessandro Magno tra storia e mito*, a c. di M. Sordi, Milano 1984, 169-193.

Dirimere tra debiti dalla tradizione storiografica e aspetti attualizzanti delle vicende di Alessandro sembra nell'opera di Trogo operazione delicata e rischiosa, che merita tuttavia verifica e approfondimento, nel tentativo di cogliere la sottesa impostazione ideologica dell'autore. Tanto più che i recenti orientamenti critici hanno per lui smentito il luogo comune di pedissequo seguace della fonte-Timagene per accreditargli doti di metodo da «grande storico» [2]. Vero è che nel caso del testo trogiano numerose ipoteche gravano su ogni progetto che tenda a risalire alla matrice ideologica dello storico: in primo luogo il diaframma rappresentato dalla mediazione di Giustino, il tardo epitomatore che ce ne ha trasmesso l'opera; quindi il complesso problema dell'identificazione delle fonti; e ancora, la controversa collocazione cronologica e di ambiente di lavoro, nonché l'impostazione programmatica di una «storia senza Roma» [3]; infine, nel caso della tematica alessandrina, la considerazione limitativa che essa rappresenta un episodio, seppure nodale, della complessa vicenda narrata da Trogo, di trapasso dell'egemonia universale da un popolo all'altro.

---

[2] Così, determinatamente, S. Mazzarino, *Il pensiero storico classico*, 2.1, Bari 1966, 487.

[3] La nota definizione si deve a P. Treves, *Il mito di Alessandro e la Roma di Augusto*, Milano-Napoli 1953, 44.

Molti di questi pregiudizi sono però stati dissipati dalla recente critica storica che, impostando la problematica trogiana con corretta metodologia, è approdata a incoraggianti risultati e a solide acquisizioni [4].

Anzitutto si è accertato come il procedimento con cui Giustino ha epitomato il testo trogiano sia di tipo excerptorio più che riassuntivo; ne deriva un alto grado di fedeltà all'originale, paradossalmente garantito dalla modesta personalità storiografica dell'epitomatore [5]. Legittimo risulta quindi accostarsi all'Alessandro di Pompeo Trogo, una volta che si siano selezionati, attraverso

[4] Per una rassegna bibliografica sulla problematica trogiana vd. in successione: G. Forni, *Valore storico e fonti di Pompeo Trogo. 1: Per le guerre greco-persiane*, Urbino 1958, 13-44; O. Seel, *M. Iuniani Iustini epitoma historiarum Philippicarum Pompei Trogi*, Stuttgart 1972[2], XIX ss.; G. Forni-M.G. Bertinelli Angeli, *Pompeo Trogo come fonte di storia*, in *ANRW* II 30.2, 1982, 1298-1362. Cfr. anche una buona nota informativa in L. Santi Amantini, *Giustino. Storie Filippiche*, Milano 1981, 7 ss. e 615 ss.

[5] Per la tecnica excerptoria usata da Giustino vd. L. Ferrero, *Struttura e metodo dell'epitome di Giustino*, Torino 1957, 6; Forni, *Valore storico*, 50 ss.; O. Seel, *Pompeius Trogus. Weltgeschichte von den Anfängen bis Augustus im Auszug des Justin*, Zürich-München 1972, 21 s.; Forni-Bertinelli Angeli, in *ANRW* II 30.2, 1301 ss.; F.R.D. Goodyear, *On the Character and Text of Justin's Compilation of Trogo*, «PACA» 16, 1982, 1-24; P. Jal, *But et technique d'abréviateurs latins. Justin et les abréviateurs de Valère-Maxime*, «BSAF» 1983, 39-44; Id., *À propos des Histoires philippiques*, «REL» 65, 1987, 194-209.

un'ormai sperimentata metodica, i passi di paternità trogiana dalle spesso maldestre inserzioni giustinee [6]; tanto più che i libri contenenti le gesta del Macedone sembrano per la loro ampiezza i meno interessati dai tagli dell'epitomatore e i più aderenti, quindi, alla fisionomia storiografica di Trogo [7]. Essa emerge, poi, in modo tanto più autorevole quanto più l'odierna ricerca sui suoi debiti storiografici, reagendo all'ormai tramontata teoria della fonte unica, ce lo dimostra attento a una pluralità di voci, talora testimone unico di eventi, spesso autonomo e originale interprete di essi [8].

---

[6] In proposito è di esempio il metodo di lavoro delineato da Forni, *Valore storico*, 141-152 e adottato da L. Santi Amantini, *Fonti e valore storico di Pompeo Trogo (Iustin. XXXV-XXXVI)*, Genova 1972; E. Salomone, *Fonti e valore storico di Pompeo Trogo (Iustin. XXXVIII, 8, 2-XL)*, Genova 1973; M.G. Bertinelli Angeli-M. Giacchero, *Atene e Sparta nella storiografia trogiana (415-400 a.C.)* Genova 1974.

[7] Cfr. in proposito Forni, *Valore storico*, 47. Per un commento storico ai libri alessandrini di Trogo si ricorra a R.H. Lytton, *Justin's Account of Alexander the Great. A Historical Commentary*, Diss. Pennsylvania State Univ. 1973 = «DA» 34, 1974, 5041 A.

[8] Ne rilevano la personalità creatrice Treves, *Il mito*, 44 s.; Mazzarino, *Il pensiero*, 487; O. Seel, *Eine römische Weltgeschichte. Studien zum Text der Epitome des Justinus und zur Historik des Pompeius Trogus*, Nürburg 1972, 352; ne accentuano le funzioni di testimone unico L. Breglia Pulci Doria, *Recenti studi su Pompeo Trogo*, «PP» 30, 1975, 468-477; e, proprio su argomento relativo al Macedone, B. Tripodi, *La immunitas cunctarum rerum concessa da Alessandro Magno (Iustin. XII, 1, 10)*, «ASNP» 9, 1979, 513-525.

Nel caso delle imprese di Alessandro, egli appare debitore verso la *vulgata* di Clitarco, ma anche sensibile alla tradizione di Callistene e a quella, tanto ideologicamente discussa, di Timagene [9]. Questa, cronologicamente prossima allo scritto di Trogo, è stata da taluni interpretata come responsabile di un suo presunto antiromanesimo [10];

---

[9] Il problema della 'Quellenuntersuchung' trogiana dei libri XI e XII è assai controverso; per un suo bilancio vd. Forni-Bertinelli Angeli, in *ANRW* II 30.2, 1328-1330 e 1354. Determinatamente, l'ipotesi di una utilizzazione di Timagene è sostenuta da Treves, *Il mito*, 58-66; J. Therasse, *Le moralisme de Justin (Trogue-Pompée) contre Alexandre le Grand. Son influence sur l'oeuvre de Quinte-Curce*, «AC» 37, 1968, 551-588; M.A. Levi, *Introduzione ad Alessandro Magno*, Milano 1977, 331-342. Per l'impiego di una pluralità di fonti, varianti da episodio a episodio, si pronuncia M.J. Fontana, *Il problema delle fonti per il XVII libro di Diodoro Siculo* «Kokalos» 1, 1955, 155-190, part. 155 s. e 178. La dipendenza trogiana dall'*Alexandervulgata* clitarchea, sostenuta da C. Raun, *De Clitarcho Diodori, Curtii, Iustini auctore*, Bonn 1968; F. Jacoby, in *RE* XI 1, 1921, *s.v. Kleitarchos*, coll. 622-654, part. 630; E. Schwartz, in *RE* IV 2, 1901, *s.v. Curtius*, coll. 1871-1891, part. 1883 s., contestata soprattutto da W.W. Tarn, *Alexander the Great*, II, Cambridge 1984, 132, è ora da più parti riproposta. Vd. in proposito soprattutto F. Schachermeyr, *Alexander der Grosse. Ingenium und Macht*, Graz-Salzburg-Wien 1949, 134; J.R. Hamilton, *Cleitarchus und Aristobulus*, «Historia» 10, 1961, 448-458; F. Schachermeyr, *Alexander um Babylon und die Reichsordnung nach seinem Tode*, Wien 1970, 120.

[10] Sull'orientamento ideologico di Timagene vd., da ultimi, G. Bruno Sunseri, *Sul presunto antiromanesimo di Timagene*, in *Studi di Storia antica offerti a E. Manni*, Roma 1976, 91-101; M. Sordi, *Ellenocentrismo e filobarbarismo nell'excursus gallico di Timagene. Un esempio di etnologia antica*, «CISA» 6, 1979, 34-56; Ead., *Timagene di Alessandria: uno storico el-*

ché, indipendentemente dalle controversie circa la data di 'pubblicazione' delle *Historiae Philippicae*, è proprio al 'milieu' culturale di età augustea, alle sue provocazioni ideologiche, alle sue tematiche propagandistiche che Trogo sembra, come vedremo, reagire e far riferimento [11].

I termini più controversi dell'odierno dibattito critico sembrano infatti appuntarsi proprio su questi interrogativi irrisolti: è la testimonianza di Trogo una voce estranea alle correnti ufficiali del trionfalismo augusteo e la sua «storia senza Roma» si configura polemicamente anche come «storia contro Roma» [12]? Ovvero la sua persona-

---

lenocentrico e filobarbaro, in *ANRW* II 30.1, 1982, 775-797, che molto attenuano la convinzione di un suo antiromanesimo. Per i sostenitori di una responsabilità di Timagene sul presunto atteggiamento antiromano di Trogo vd. A.V. Gutschmid, *Trogus und Timagenes*, ora in *Kleine Schriften*, 5, Leipzig 1894, 218-227; C. Wachsmuth, *Timagenes und Trogus*, «RhM» 46, 1891, 465-479; L. Castiglioni, *Motivi antiromani nella tradizione storica antica*, «RIL» 61, 1928, 625-639.

[11] Per una datazione tiberiana tra il 14 e il 30 d.C. si pronuncia Seel, *Pompeius Trogus*, 17 s.; Id., *Eine römische Weltgeschichte*, 178-180. Per una pubblicazione anteriore al 9 d.C. vd. Treves, *Il mito*, 81. Bilancio critico in Santi Amantini, *Giustino*, 22 ss.

[12] Così con grande convinzione P. Treves, *Euforione e la storia ellenistica*, Milano-Napoli 1955, 71 e 112, e, da ultima, E. Malaspina, *Uno storico filobarbaro: Pompeo Trogo*, «RomBarb» 1, 1976, 135-158; J.M. Alonso-Núñes, *L'opposizione contro l'imperialismo romano e contro il principato nella storiografia del tempo di Augusto*, «RSA» 12, 1982, 131-141; Id., *An Augustan World History. The Historiae Philippicae of Pompeius Trogus*, «G&R» 34, 1987, 56-72. A livello manualistico

lità di intellettuale, pur in rapporto dialettico con le sollecitazioni ideologiche del tempo, persegue una autonoma concezione storiografica, non necessariamente di fronda [13]? E ancora, sono Timagene e altri storici 'misoromani' gli ispiratori del suo presunto antiromanesimo, ovvero la dipendenza (non esclusiva) da tali fonti non implica necessariamente un'adesione al loro disegno di opposizione intellettuale [14]?

Le gesta dell'Alessandro trogiano costituiscono per una tale problematica un valido campione di indagine. La figura del Macedone è infatti in età augustea coinvolta nel noto dibattito polemico tra Livio e quelli che egli definisce «i più sciocchi tra i Greci» (*levissimi ex Graecis*): dibattito che vede lo storico patavino impegnato a sostenere la superiorità della *virtus* romana di con-

---

vedi C. Marchesi, *Storia della letteratura latina*, 2, Messina 1930², 42-47; E. Paratore, *Storia della letteratura latina*, Firenze 1970¹⁰, 502-504.

[13] Così Mazzarino, *Il pensiero*, 489; Seel, *Eine römische Weltgeschichte*, 85 e 92 s.; vd. anche Id., *Praefatio des Pompeius Trogus*, Erlagen 1955, 18-21, e, parzialmente, R. Urban, *«Historiae Philippicae» bei Pompeius Trogus*, «Historia» 32, 1982, 82-96; Id., *«Gallisches Bewustsein» und «Romkritik» bei Pompeius Trogus*, in *ANRW* II 30.2, 1982, 1424-1443.

[14] Per le prime obbiezioni alla tesi dell'antiromanesimo di Trogo vd. già H. Peter, *De Pompei Trogi Historiarum Philippicarum consilio et arte*, Diss. Lipsiae 1913, 50; H. Fuchs, *Der geistige Widerstand gegen Rom in der antiken Welt*, Berlin 1938, 15 s. e 42 s.

tro alle argomentazioni di non ben precisati suoi denigratori. Essi strumentalmente esalterebbero le imprese del cosmocratore per mascherare in realtà il loro favore nei confronti dei Parti e, per rivendicare ad essi la legittimità di una successione ecumenica, asserirebbero che i Romani in un eventuale scontro con il Macedone sarebbero risultati soccombenti [15]. Non vi sarebbe dunque migliore occasione per sperimentare il 'lealismo' o la 'fronda' di Trogo che ricercare nel suo Alessandro tracce di tale polemica, tanto più che per l'identificazione degli anonimi avversari di Livio la candidatura di Timagene è stata quella più spesso e convincentemente avanzata [16].

Inoltre la centralità che la figura del Macedone acquista all'interno del disegno trogiano di *tran-*

---

[15] Sull'argomento, scegliendo tra la ricca bibliografia; cfr. A. Momigliano, *Livio, Plutarco e Giustino su virtù e fortuna dei Romani*, «Athenaeum» 12, 1934, 45-56; I. Lana, *Velleio Patercolo o della propaganda*, Torino 1952, 199 ss.; Treves, *Il mito*, 13-38; H.K. Breitenbach, *Der Alexanderexkurs bei Livius*, «MH» 26, 1969, 146-157; L. Braccesi, *Livio e la tematica di Alessandro in età augustea*, «CISA» 4, 1976, 179-199; V. Viparelli Santangelo, *Ironia e ideologia nell'excursus del IX libro delle storie di Livio*, «BStudLat» 8, 1978, 43-55; L. Braccesi, *L'ultimo Alessandro. Dagli antichi ai moderni*, Padova 1986, 42 ss.

[16] Per Timagene si pronunciano: Gutschmid, in *Kleine Schriften*, 5, 587 ss.; Castiglioni, «RIL» 61, 1928, 638; A. Oltramare, *Auguste et les Parthes*, «REL» 16, 1938, 121-138, part. 131; Treves, *Il mito*, 58 ss.; Sordi, in *ANRW* II 30.1, 796 s. Per Metrodoro, Mazzarino, *Il pensiero*, 487 s.

slatio imperii, dovrebbe fornire indizi chiarificatori circa il fine della sua storia universale. Per taluni infatti essa sarebbe concepita «auf Rom hin», assumerebbe dunque una direzione teleologica in senso romano e si configurerebbe come fiancheggiatrice dell'ecumenismo augusteo [17]; per altri, viceversa, la teoria ciclica degli imperi implicitamente prevederebbe il trasferimento dell'egemonia ad altri popoli, e quindi si ispirerebbe a intenti antiromani e oppositori [18].

Per quanto riguarda la polemica Livio-*levissimi* solo rari riferimenti sembrano potersi cogliere nel testo trogiano. Come è noto, lo storico patavino non enuncia le argomentazioni degli avversari, ma ad esse si può ragionevolmente risalire in base ai temi e all'impostazione del suo ragionamento dialettico. Orbene, uno degli spunti polemici su cui Livio ritorna con maggiore insistenza per farne caposaldo della sua dimostrazione è rappresentato dall'argomento che, nell'ipotetico scontro tra Alessandro e i Romani, questi ultimi

---

[17] Vd. soprattutto Seel, *Die Praefatio*, 71; Id., *Pompeius Trogus*, 550; Id., *Eine römische Weltgeschichte*, 85 e 92 s.

[18] Vd. G. Schnayder, *De infenso alienagenarum in Romanos animo*, «Eos» 30, 1927, 113-149; J.W. Swain, *The Theory of the Four Monarchies. Opposition History under the Roman Empire*, «CPh» 35, 1940, 1-21; D. Mendels, *The Five Empire. A Note on a Propagandistic Topos*, «AJPh» 102, 1981, 330-337.

avrebbero potuto opporre alla unicità della figura del Macedone una pluralità di personalità eroiche. L'età di Alessandro fu infatti per Roma la più feconda di talenti (*Haud dubie illa aetate, qua nulla virtutum feracior fuit…* Livio 9, 16, 19); i generali che si sarebbero misurati con il Macedone appaiono dotati delle stesse qualità d'animo dell'avversario (*Horum in quolibet cum indoles eadem quae in Alexandro erat animi ingeniique.* Livio 9, 17, 10); molti sarebbero stati i Romani pari a lui per gloria e grandezza di imprese (*…Romani multi fuissent Alexandro vel gloria vel rerum magnitudine pares…* Livio 9, 18, 19); a lui si sarebbe opposto un senato formato da personalità quasi regali (*…senatus ille, quem qui ex regibus constare dixit unus veram speciem Romani senatus cepit!* Livio 9, 17, 14). Per converso, e coerentemente, Livio ribadisce che nello schieramento opposto il Macedone sarebbe stato solo (*…quod unus fuit …* Livio 9, 17, 5); i suoi disegni di conquista quelli di un giovane isolato (*…iuvenis unius …* Livio 9, 17, 14); le sue imprese quelle di un unico uomo, e per di più giovane, di contro a un popolo in guerra da quattrocento anni (*…se hominis res gestas, et eius iuvenis, cum populi iam quadringentesimum bellantis annum rebus conferre.* Livio 9, 18, 9); la sua grandezza quella di un solo individuo (*…unius tamen ea magnitudo hominis…* Livio 9, 18, 8); e la sua posizione infine sarebbe stata assai debole poiché i Macedoni avrebbero potuto contare su di un solo Alessandro (*...quod Macedones unum Alexandrum habuissent...* Livio 9, 18, 18).

Dall'insistenza del patavino sembra lecito sospettare che i *levissimi ex Graecis* non avessero mancato di esaltare (con finalità polemiche?) non solo Alessandro ma anche i suoi valenti amici e compagni d'armi, i cosiddetti *hetaíroi*, in quanto iniziatori delle dinastie ellenistiche cui andava il loro nostalgico apprezzamento. In relazione con le affermazioni di Livio si pone, dunque, un passo del testo trogiano che alla morte del Macedone fa seguire una positiva valutazione dei suoi potenziali successori (*Sed nec amici Alexandri frustra regnum spectabant. Nam eius virtutis ac venerationis erant, ut singulos reges putares; quippe ea formae pulchritudo et proceritas corporis et virium ac sapientiae magnitudo in omnibus fuit, ut qui eos ignoraret, non ex una gente, sed ex toto terrarum orbe electos iudicaret. Neque enim umquam ante Macedonia vel ulla gens alia tam clarorum virorum proventu floruit, quos primo Philippus, mox Alexander tanta cura egerat, ut non tam ad societatem belli quam in successionem regni electi viderentur. Quis igitur miretur talibus ministris orbem terrarum victum, cum exercitus Macedonum tot non ducibus, sed regibus regeretur? qui numquam sibi repperissent pares, si non inter se concurris-*

sent, multosque Macedonis provincia Alexandros habuisset, nisi Fortuna eos aemulatione virtutis in perniciem mutuam armasset. Giustino 13, 1, 10-15). Il tema non trova analogie con altre fonti parallele e, come garantisce l'impostazione moraleggiante, è da ritenersi di genuina matrice trogiana [19]. Sorprendenti sono le corrispondenze tra le espressioni di Trogo e quelle di Livio, tanto da escludere ogni sospetto di casualità; né pare lecito sminuirne la portata confinandole nell'ambito di collusioni formali e stilistiche [20]. Le analogie e le riprese espressive nel rappresentare la pluralità di personalità regali, la fertilità dei talenti e l'eccellenza dei valori in campo, si coniugano infatti a un palese gioco oppositivo di contenuti. All'*unus Alexander* di Livio si contrappongono i *multi Alexandri* di Trogo; al *senatus ille quem ex regibus constare* del primo, il *tot non ducibus sed regibus* del secondo; alla *illa aetate qua nulla virtutum fe-*

---

[19] Così Seel, *Eine römische Weltgeschichte*, 120 che pone in relazione il passo trogiano con l'aneddoto liviano di Cinea, assegnando la priorità al patavino. Therasse, «AC» 37, 1968, 563 nota invece come il luogo di Trogo non trovi analogie in Curzio.

[20] Così Momigliano, «Athenaeum» 12, 1934, 52 n. 1, che, notando alcune «somiglianze formali» ritiene ambiguamente che Trogo «abbia adornato con movenze stilistiche prese da Livio [...] una polemica preesistente nella sua fonte». In generale per la dipendenza di Livio e Trogo da una fonte comune vd. L. Castiglioni, *Studi intorno alle Storie Filippiche di Giustino*, Napoli 1925, 7 n. 1.

racior fuit ... della Roma liviana, la *Macedonia [...]tam clarorum virorum proventu floruit* del testo trogiano; ai molti Romani *Alexandro vel gloria vel rerum magnitudines pares* del patavino, gli amici di Alessandro dotati di *formae pulchritudo et proceritas corporis et virium ac sapientiae magnitudo*, secondo la pagina di Trogo.

Per l'interpretazione di tali formulazioni dialettiche due sono le ipotesi accessibili, una volta assodata, per ammissione dell'epitomatore Giustino, la posteriorità dello storico gallico rispetto al patavino [21]; o Trogo riprende il testo liviano per rispondere polemicamente alle sue argomentazioni, e così facendo si schiera dalla parte dei suoi avversari, ovvero attinge in questo luogo a una fonte antiromana e tramanda dunque un frammento delle tesi dei *levissimi* a cui Livio aveva ribattuto con puntiglio e caparbietà. La seconda alternativa sembra la più probabile per un duplice ordine di motivi: in primo luogo perché nella narrazione trogiana le *laudes* degli *hetaíroi* non sono in alcun modo formulate in funzione oppositiva a Roma, come ci si attenderebbe nel caso di una risposta a Livio, e sembrano quindi destituite di ogni intenzionalità polemica; in secondo luogo perché, viceversa, siamo documentati del fatto

[21] Giustino 38, 3, 11.

che Timagene nel suo *Basileís* trattava le *res gestae* dei diadochi fin dalla loro partecipazione all'epopea di Alessandro e ne esaltava i gesti di coraggio in difesa del re [22]. Una paternità timagenica per le *laudes* degli *hetaíroi* non sembra quindi improponibile, ma semmai in asse con lo spazio loro presumibilmente riservato nell'opera dello storico alessandrino; sia che tale esaltazione risultasse strumentale per un implicito confronto antiromano, sia che, più probabilmente, l'accanimento polemico di Livio inducesse il patavino a contraddire sistematicamente l'avversario, anche su temi da lui non direttamente concepiti con finalità provocatorie.

Qualora, comunque, tale meccanismo di dipendenza fosse per altra via e in altro caso confermato costituirebbe un valido indizio di come l'uso di una fonte 'misoromana' non implichi per Trogo una complicità di obbiettivi polemici, ma semmai tale fonte, avulsa dal contesto originario e impiegata in sequenza frammentaria, subisca una sorta di attenuazione e si sottometta ai toni e all'impostazione di pensiero dello storico.

Una prima conferma del fatto che Trogo non

---

[22] Curzio 9, 5, 21. Vd. anche Arriano *Anab.* 6, 11, 8; Appiano *Syr.* 56, 286-291. 57, 292, 294. 64, 337-338. Sull'argomento vd. G. Marasco, *Appiano e la storia dei Seleucidi fino all'ascesa al trono di Antioco III*, Firenze 1982, 176.

si faccia coinvolgere dalla polemica liviana né privilegi tra le sue fonti gli accenti antiromani la si coglie per il tema della *virtus / fortuna*, che è anch'esso fondamentale nella disputa Livio-*levissimi*, e quindi suscettibile di essere recepito nell'Alessandro trogiano. Livio, infatti tende ad esaltare nel suo *excursus* la *virtus* dei Romani e la *fortuna* del Macedone, pur conscio che i primi ebbero fortuna e il secondo virtù; posizione, quest'ultima, verosimilmente sostenuta con toni esasperati dai suoi contraddittori [23]. Ora, nell'esposizione trogiana non si scorge per Alessandro, come peraltro per altri popoli egemoni, un'impostazione al proposito netta e coerente; virtù e fortuna sembrano infatti cooperare nello svolgimento degli eventi e quindi la loro indifferenziata e anodina attribuzione non consente di evincere alcuna preferenza politica o posizione polemica dello scrittore [24]. Così le *virtutes* del Macedone sono a più riprese ribadite (Giustino 11, 1, 10. 12, 1, 10. 12, 15. 12, 16, 7-12), ma non si manca di attribuire i suoi successi alla *fortuna* (Giustino 11, 14, 7. 12, 8, 15. 21, 6, 4); così per l'affermazione dei Roma-

---

[23] Vd. Momigliano, «Athenaeum» 12, 1934, 45 ss. che nega tuttavia la derivazione di Trogo da Timagene, considerato l'avversario di Livio.

[24] Così Fuchs, *Der geistige Widerstand*, 42 che però esclude la possibilità di identificare nella fonte greca di Trogo il bersaglio polemico di Livio.

ni le due componenti giocano alternativamente il loro ruolo (Giustino 30, 4, 16. 31, 3, 7 di contro 30, 4, 17. 39, 5, 3. 43, 2, 5); così entrambi intervengono indifferentemente a promuovere e sanzionare l'ascesa dei Parti (Giustino 41, 1, 6 di contro 41, 6, 2)[25]. E se una linea interpretativa vuole cogliersi, anch'essa tuttavia non sempre coerente, all'interno di tanta ambivalenza terminologica, questa può forse identificarsi nella tendenza ad esaltare la *virtus* nella purezza originaria dei costumi e a privilegiare, viceversa, la *fortuna* nel momento della fatale degenerazione. Una parabola evolutiva a cui sono potenzialmente sottoposti personalità e popoli emergenti e a cui non sembra sottrarsi neppure il Macedone[26].

Se dunque Trogo non sembra riecheggiare per la tematica *virtus / fortuna* le posizioni degli avversari di Livio, nel tratteggiare le fasi della degenerazione del Macedone pare addirittura coincidere con le accese tonalità descrittive dello storico patavino; ma il discorso si fa qui assai complesso.

---

[25] Per tale argomento, limitatamente ai Parti, cfr. Peter, *De Pompei Trogi Historia*, 50; Th. Liebmann-Frankfort, *L'histoire des Parthes dans le livre XLI de Trogue Pompée: essai d'identification de ses sources*, «Latomus» 28, 1969, 894-922, part. 912.

[26] Così, seppure finalizzato a un'altra prospettiva esegetica, Malaspina, «RomBarb» 1, 1976, 149 ss.

Livio infatti nel riferire con accenti foschi le tappe della corruzione di Alessandro precisa, unico caso nel corso della digressione, come non riferisca niente che sia posto in dubbio tra gli scrittori (*nec quicquam dubium inter scriptores refero*. Livio 9, 18, 5); quasi a opporre l'unanimità della tradizione all'accusa di settarismo; Ciò premesso, se tutti gli *scriptores* (forse anche i sostenitori di Alessandro) ne ammettono e descrivono la degenerazione, nessun stupore devono destare in proposito le affinità di contenuto fra Trogo e Livio [27]; semmai le sorprendenti coincidenze espressive inducono nuovamente a supporre o una ripresa liviana da parte di Trogo o, viceversa, una strumentale derivazione di Livio dalla fonte trogiana.

Sull'argomento, numerose e significative sono infatti le collusioni Livio-Trogo. Così per il tema dell'oblio dei costumi aviti e il passaggio ad usi e tradizioni persiane: *...exercitum Macedoniae oblitum degenerantemque iam in Persarum mores Alexander adduxisset* (Livio 9, 18, 4) = *Inter haec indignatio omnium totis castris erat, a Philippo il-*

[27] Peraltro, come è stato rilevato, le concordanze di contenuto tra le fonti non sono spesso indicative poiché dipendono dalla circostanza ovvia di illustrare fatti realmente accaduti: così P. Goukowsky, *Diodoro de Sicile. Bibliothèque historique. Livre XVIII*, Paris 1978, XIX n. 1.

lum patre tantum degenerasse, ut etiam patriae nomen eiuraret moresque Persarum adsumeret, quos propter tales mores vicerat (Giustino 12, 4, 1). Così per il tema del mutamento di abito: *Referre in tanto rege piget superbam mutationem vestis* (Livio 9, 18, 4) = *post haec Alexander habitum regum Persarum et diadema insolitum antea regibus Macedonicis, velut in leges eorum, quos vicerat, transiret, adsumit. Quae ne invidiosus in se uno conspicerentur, amicos quoque suos longam vestem auratam purpureamque sumere iubet* (Giustino 12, 3, 8-9). Così per la scandalosa imposizione della proscinesi: *...et desideratos humi iacentium adulatione etiam victis Macedonibus graves nedum victoribus* ... (Livio 9, 18, 4) = ... *non salutari sed adorari se (Alexander) iubet* (Giustino 12, 7, 1). Così per gli omicidi dettati dall'ira e perpetrati nel corso di banchetti orgiastici: *...foeda supplicia et inter vinum et epulas caedes amicorum* ... (Livio 9, 18, 4) = *quippe paternas laudes tam iracunde accepisse se quam nec convicia debuisset, amicumque senem et innoxium a se occisum inter epulas et pocula dolebat* (Giustino 12, 6, 6).

Se dunque tante analogie formali e contenutistiche per un tema gravato di molteplici implicazioni polemiche come la *degeneratio Alexandri* derivassero da una dipendenza di Trogo da Livio, bisognerebbe postulare per il primo non solo la soggezione ad altrui movenze stilistiche, ma addirittura l'impegno ideologico in uno schieramento filoromano. È viceversa più credibile che Trogo attinga, tramandandocela, alla stessa fonte utilizzata da Livio, la quale, pur esaltando forse il Macedone, non ne celava tuttavia gli aspetti degenerativi; lo storico patavino ne avrebbe tratto materia preziosa per le sue finalità polemiche e ne avrebbe strumentalizzato le ammissioni per convertirle in occasioni denigratorie. Tale meccanismo di dipendenza appare tanto più verosimile dal momento che Diodoro, Trogo e Curzio Rufo per molti aspetti coincidono sul tema della decadenza morale del Macedone e le reciproche sostanziali analogie militano a favore di una derivazione comune o dalla *vulgata* clitarchea o dalla fonte timagenica o da raccolte scolastiche di *exempla*[28].

Peraltro, assai illuminante per tanto intricati rapporti di dipendenza, si rivela un episodio

[28] Therasse, «AC» 37, 1968, 565 ss. nega un'influenza di Trogo sul moralismo di Curzio; al contrario, per una comune fonte timagenica si pronuncia Levi, *Introduzione*, 341, che ascrive la maggior concisione di Trogo all'azione epitomatrice di Giustino il quale, tuttavia, come si è detto, più che riassumere la narrazione trogiana operò su di essa dei tagli. Per la circolazione di raccolte di *exempla* ad uso scolastico e per la loro fortuna nella raffigurazione di Alessandro in età giulio-claudia vd. ora D. Lassandro, *La figura di Alessandro Magno nell'opera di Seneca*, in *Alessandro tra mito e storia*, a c. di M. Sordi, Milano 1984, 155-168.

dell'anabasi del Macedone; laddove l'Alessandro trogiano prima della battaglia di Arbela esorta i suoi soldati a disprezzare il lussuoso apparato dell'esercito nemico (*Hortatur, spernant illam aciem auro et argento fulgentem, in qua plus praedae quam periculi sit* ... Giustino 11, 13, 11) e con analoghe espressioni l'Alessandro di Curzio incita i suoi contingenti traci al saccheggio nell'imminenza dello scontro di Isso (*Illyros vero et Thracas, rapto vivere adsuetos, aciem hostium auro purpuraque fulgentem intueri iubebat, praedam non arma gestantem.* Curzio 3, 10, 9)[29]. Le stesse argomentazioni e soluzioni espressive sono adottate da Livio per minimizzare, viceversa, la portata delle imprese del Macedone, opposto in Asia a un avversario evidentemente imbelle (*Non cum Dareo rem esse dixisset, quem mulierum ac spadonum agmen trahentem inter purpuram atque aurum oneratum fortunae apparatibus suae, praedam verius quam hostem* ... Livio 9, 17, 6). La coincidenza Trogo-Curzio rende improbabile qui l'ipotesi di una derivazione da Livio, mentre assai più calzante appare il procedimento inverso di dipendenza, già delineato in occasione dell'esaltazione degli *hetaíroi*:

[29] L'analogia Trogo-Curzio non è colta da Therasse, «AC» 37, 1968, 563. Cfr., inoltre, per la reversibilità dell'argomentazione, Curzio 5, 1, 6.

Livio cioè utilizzerebbe espressioni e concetti tratti dalla fonte di Trogo e di Curzio (il suo contraddittore greco, mediato forse dalle scuole di retorica?), per farne sostegno di tesi diametralmente opposte.

Inutile ripetere che, se tale fonte corrispondesse a uno dei *levissimi* e Trogo ci conservasse quindi frustoli delle sue argomentazioni polemicamente contraddette da Livio, ciò non implicherebbe necessariamente per Trogo un'impostazione 'misoromana', scongiurata dagli accenti pacati di tali riferimenti. Così è per un'altra tematica cara alla diatriba Livio-*levissimi*: cioè l'esaltazione dei Parti.

Anche in questo caso Trogo per una sola notizia sembra dipendere da una fonte antiromana, quando riferisce che i Parti per ben tre volte sono riusciti vincitori contro eserciti romani (*A Romanis quoque trinis bellis per maximos duces florentissimis temporibus lacessiti soli ex omnibus gentibus non pares solum, verum etiam victores fuere.* Giustino 41, 1, 7) [30]. Nulla tuttavia autorizza, nel contesto generale della trattazione di Trogo, a ipotizzare che questi condividesse l'impostazione

[30] Vd. le lucide argomentazioni di Liebmann-Frankfort, «Latomus» 28, 1969, 911 ss. il quale individua in Artemidoro e Posidonio le fonti cui Trogo ricorre per i suoi libri partici, fatta eccezione per il breve passo timagenico qui citato.

filopartica della fonte frammentariamente impiegata, né tantomeno che auspicasse il trasferimento ai Parti dell'impero universale [31]. Al contrario egli in più occasioni stigmatizza i difetti del barbaro popolo orientale (Giustino 38, 10, 5. 39, 1, 3), a cui, come si è detto, assegna indifferentemente tanto *virtus* che *fortuna*, e per il quale non tace l'attuale situazione di sottomissione ad Augusto (Giustino 42, 5, 11) [32].

Si è approdati così a un primo indicativo risultato: il ritratto trogiano di Alessandro non sembra complessivamente influenzato dal dibattito Livio-*levissimi* e non si configura certo come organica ripresa di quelle argomentazioni polemiche; l'episodicità dei riferimenti e la loro neutra intonazione inducono infatti a ritenerli frammenti di una fonte, forse antiromana, utilizzata anche da Livio; preziosi per noi al fine di ricostruire l'antefatto della reazione liviana ma privi di indicazioni per risalire all'impostazione ideologica di Trogo, il quale sembra averli intenzionalmente destituiti di qualsiasi risvolto polemico.

Se dunque questi, pur conoscendo l'opera liviana e quella degli avversari greci, non coglie

[31] L'ipotesi, avanzata da Lana, *Velleio Patercolo*, 205, è condivisa e rilanciata da Malaspina, «RomBarb» 1, 1976, 156.

[32] Vd., ancora, Liebmann-Frankfort, «Latomus» 28, 1969, 921 s.

l'occasione per inserirsi e prendere posizione in quel dibattito politico-culturale, forse non più attuale, a quali sollecitazioni ideologiche del mondo contemporaneo si dimostra sensibile?

Una risposta può forse venire da un esame della comune impostazione ecumenica accordata da Trogo tanto al suo Alessandro quanto ad Augusto, fugace ma nodale personaggio delle sue *Historiae Philippicae*[33].

Il Macedone è a più riprese definito vincitore del mondo intero (*Hac tam parva manu universum terrarum orbe [...] vicerit...* Giustino 11, 6, 3); padrone di tutta la terra (*Tertia interrogatione poscenti victoriam omnium bellorum possessionemque terrarum dari respondetur.* Giustino 11, 11, 10); detentore dell'impero universale (... *ut illi terrarum omnium victori contingat imperium.* Giustino 11, 15, 10); re di tutte le terre e del mondo (... *regem se terrarum omnium ac mundi appellari iussit* ... Giustino 12, 16, 9); colui che ha posto i confini del regno fin dove era possibile avanzare per terra e per mare (*...positis imperii terminis, quatenus aut terrarum solitudines prodire passae sunt aut mare navigabile fuit...* Giustino 12, 10, 5).

Parimenti nel testo di Trogo la Roma contem-

[33] Sulle conquiste di Alessandro come modello per l'espansionismo cfr. Seel, *Eine römische Weltgeschichte*, 298 ss.

poranea è chiamata capitale del mondo intero (... *urbis quae caput totius orbis*... Giustino 43, 1, 2) e Cesare Augusto colui che ha sottomesso tutta la terra (... *Caesar Augustus, perdomito orbe, victricia ad eos arma transtulit* ... Giustino 44, 5, 8).

Non sembra un caso dunque che proprio in bocca ad Alessandro Trogo ponga una sorta di teorizzazione dell'impero universale che suona anche giustificazione del principato [34]; laddove il Macedone, in risposta alle proposte di pace di Dario, oppone la considerazione che il mondo non può essere retto da due soli né la terra accogliere due regni supremi a meno che non venga sconvolto l'ordine universale (*Ceterum neque mundum posse duobus solibus regi nec orbem summa duo regna salvo statu terrarum habere.* Giustino 11, 12, 15). Si noti in proposito come la giustificazione cosmica del principato sia tema canonico della propaganda tardo augustea che, sulle orme di Virgilio, si premura di definire l'*auctoritas* del principe in corrispondenza con il piramidale ordinamento celeste [35].

[34] Per un'interpretazione del passo come elaborazione dottrinale del diritto, di Alessandro prima, e di Roma poi, a *regere populos*, cfr. Seel, *Eine römische Weltgeschichte*, 202; Levi, *Introduzione*, 334 s.

[35] Vd. sull'argomento R. Montanari Caldini, *Virgilio Manilio e Germanico; memoria poetica e ideologia imperiale*, "QFLPer" 1, 1981, 73-114.

Tra Alessandro e Augusto, Trogo sembra dunque impostare a distanza una sorta di parentela ecumenica, confortata dalle ambizioni universalistiche del principe, e tessere una trama di analogie non superficiali, incrementate dalla sua *imitatio Alexandri*[36]. Per il cosmocratore del passato e per quello del presente le similitudini riguardano anche i limiti sottaciuti dalla propaganda del loro impero universale; manchevole rispettivamente della sezione occidentale per Alessandro, dell'oriente partico per Augusto.

Né Trogo si nasconde le aporie del loro ecumenismo che, ancora una volta, accomuna nel disegno di una temporanea e contingente *divisio orbis*. Così l'Alessandro trogiano nei suoi progetti di conquista sembra aver inizialmente spartito il mondo con lo zio Alessandro il Molosso, cui sarebbe toccato in sorte l'Occidente (... *velut in divisione orbis terrarum Alexandro, Olimpyadis, sororis suae, filio, Oriens, sibi Occidens sorte contigisset, non minorem rerum materiam in Italia, A-*

---

[36] Vd. in proposito gli studi più recenti: H.J. Mette, *Roma (Augustus) und Alexander*, «Hermes» 88, 1960, 458-462; D. Kienast, *Augustus und Alexander*, «Gymnasium» 76, 1969, 430-456; G. Cresci Marrone, *Alessandro fra ideologia e propaganda in età augustea*, «GIF» 9, 1978, 245-259; D. Sidari, *Problema partico ed imitatio Alexandri nella dinastia giulio-claudia*, Venezia 1982, 7 ss.: Braccesi, *L'ultimo Alessandro, passim*.

frica Siciliaque, quam ille in Asia et in Persia habiturus. Giustino 12, 2, 1-3). Così la Roma contemporanea sembra aver diviso l'impero universale con i Parti cui spetterebbe il dominio dell'Oriente (*Parthi, penes quos velut in divisione orbis cum Romanis facta nunc Orientis imperium est...*, Giustino 41, 1, 1).

Solo apparente è tuttavia la contraddizione con la teoria ecumenica dell'unico sole/unico regno esposta da Trogo per bocca di Alessandro [37]; ché i due cosmocratori, significativa analogia, se non hanno conquistato con le armi l'uno l'Occidente, l'altro l'Oriente, ne hanno tuttavia ricevuto la sottomissione in forza dell'autorità e maestà del loro nome. Così il Macedone riceve in Babilonia prima di morire le delegazioni di tutto il mondo non ancora annesso che a lui si rivolgono come al re loro destinato (*Ab ultimis litoribus Oceani Babyloniam revertendi nuntiatur legationes*

---

[37] Per le aporie dell'ecumenismo augusteo e il loro riconoscimento in Trogo vd. Seel, *Eine römische Weltgeschichte*, 203 ss. Circa la coesistenza dei due imperi universali e l'oscillazione tra quello di Oriente e quello di Occidente in Trogo cfr. W. Goetz, *Translatio imperii. Ein Beitrage zur Geschichte des Geschichtsdenkens und der politischen Theorie im Mittelalter und in der frühen Neuzeit*, Tübingen 1958, 22, confutato da W. Suerbaum, *Vom antiken zum frümittelalterlichen Staatsbegriff*, Münster 1961, 131. In generale per il trasferimento in Occidente di una concezione universalistica vd. F. Fabbrini, *Translatio imperii. L'impero universale da Ciro ad Augusto*, Roma 1983.

Karthaginiensium ceteramque Africae civitatium sed et Hispaniarum, Siciliae, Galliae, Sardiniae, nonnullas quoque ex Italia adventum eius Babyloniae opperiri. Adeo universum terrarum orbem nominis eius terror invaserat, ut cunctae gentes veluti destinato sibi regi adularentur. Giustino 12, 13, 1-3). Dalle più remote spiagge orientali dell'Oceano alle più occidentali coste spagnole attraverso un ideale *iter* circolare si compie nella sottomissione universale il progetto ecumenico di Alessandro.

Analogamente, sebbene con diversa direttrice Occidente-Oriente, Augusto, di ritorno dall'annessione della Spagna, riceve la sottomissione dei Parti che, tema ostentatamente riproposto dalla propaganda di regime, restituiscono insegne e prigionieri romani in segno di totale resa (*Post haec finito Hispaniensi bello, cum in Syria ad componendum Orientis statum venisset, metum Phrahati incussit, ne bellum Parthiae vellet inferre. Itaque tota Parthia captivi ex Crassiano sive Antoni exercitu recollecti signaque cum his militaria Augusto remissa. Sed et filii nepotesque obsides Augusto dati, plusque Caesar magnitudine nominis sui fecit, quam armis facere alius imperator potuisset.* Giustino 42, 5, 10-11).

Il destino ecumenico di Alessandro prefigura dunque il destino ecumenico di Augusto; la sovrapposizione dei due cosmocratori, che anche il principe implicitamente suggerisce nel testo delle *Res gestae* appropriandosi del motivo delle legazioni ecumeniche [38], è da Trogo coscientemente recepita. Lo comprova l'ennesima ripresa espressiva, laddove lo storico descrive la spontanea resa dei nemici ai due cosmocratori in forza non delle armi ma del loro *terror nominis* (*Gessit et plura bella cum praefectis Darii quos iam non tam armis quam terrore nominis sui vicit.* Giustino 11, 6, 15 = 42, 5, 11).

L'Alessandro trogiano, dunque, per i suoi aspetti positivi, riecheggia la figura del principe; e tale assimilazione non sembra esaurirsi nella dimesione ecumenica del loro *imperium* ma coinvolgere anche il tema, ad essa connesso, del rapporto con i potenziali nemici, che Augusto aveva ispirato a criteri riflessi nel noto precetto virgiliano del *parcere subiectis et debellare superbos.*

Nella trattazione trogiana il Macedone sembra attenersi a tale programma, tanto propagandato quanto disatteso da Augusto, quando, agli esordi del regno, fronteggia la ribellione delle città greche. Egli infatti risparmia gli Ateniesi che pur avevano ordito trame insurrezionali, poiché da loro riceve atto di sottomissione; si rivolge quindi

[38] *Res gestae* 31-33, su cui vd. Braccesi, «CISA» 4, 1976, 194 ss.

contro Tebe intenzionato ad usare la medesima indulgenza se avesse riscontrato un analogo atteggiamento di resa (*eadem indulgentia usurus, si parem paenitentiam invenisset*. Giustino 11, 3, 6), ma alla superbia dei Tebani risponde con la distruzione della città.

Analogamente nel corso delle trattative di pace intavolate da Dario alla vigilia della battaglia di Arbela, il Macedone si propone di usare clemenza nei confronti del re persiano solo se questi gli si presenterà in vesti di supplice (*Sed Alexander sua sibi dari rescripsit iussitque supplicem venire, regni arbitria victori permittere*. Giustino 11, 12, 4), e di fronte al suo rifiuto gli muove contro in armi.

Trogo, dunque, si dimostra sensibile a recepire i temi celebrativi del regime augusteo quali i *Parthica signa recepta* e a trasferire a carico del suo Alessandro i princìpi informatori della politica estera del principe; non mancano tuttavia nelle sue *Historiae* indicazioni ambigue che sono state interpretate come allusioni critiche alla politica augustea.

È il caso della deprecazione dei popoli imbelli (Giustino 1, 7, 13) in cui si è voluto scorgere una sottesa polemica contro la *pax Augusta* [39]. È il caso dell'ammirazione espressa da Trogo per la

[39] Seel, *Pompeius Trogus*, 481 n. 7.

scelta ereditaria di Alessandro nella sua designazione del più degno (Giustino 12, 15, 10), in cui si è voluto cogliere una nota critica contro i progetti del principe per una successione dinastica [40].

Se ciò è forse vero, non bisogna tuttavia dimenticare che l'Augusto di Trogo è sostanzialmente un generale in armi (Giustino 42, 5, 6. 42, 5, 10. 44, 5, 8) e che, peraltro, la spinta a una politica estera più aggressiva è esigenza radicata in età augustea anche in ambienti vicini al principe [41]. E ancora, se l'elogio per la scelta come erede del più degno è tema due volte ricorrente nell'opera trogiana, esso si accompagna però a ripetuti accenni all'inalienabilità del diritto della primogenitura nella linea di successione dinastica, e quindi arduo risulta ricavare da tanto ambigue e contrastanti formulazioni un'univoca indicazione polemica [42].

Molti, dunque, gli ingredienti dell'Alessandro trogiano, fra cui, non ultimo, giova ricordarlo, la contrapposizione con il padre Filippo in un ritratto a dittico di derivazione stilistica sallustiana, ma retaggio del dibattito filosofico-politico tra

[40] Levi, *Introduzione*, 339.

[41] Cfr. Sidari, *Problema*, 28 ss.

[42] Per la designazione a erede del più degno vd. Giustino 41, 5, 10; per il sostegno al diritto di primogenitura vd. Giustino 2, 10, 2.16, 2, 7. 21, 1, 2. 34, 3, 7.

stoici e accademici che proprio sulla paradigmatica esemplificazione dei due Macedoni si erano divisi tra i fautori della virtù teorica di Filippo cara agli ottimati e i sostenitori del pragmatismo di Alessandro prediletto dai popolari [43]. Anche su questo tema la posizione di Trogo si risolve in un atteggiamento di serena equidistanza (Giustino 9, 8, 11-12).

Se molte si rivelano le componenti del ritratto trogiano di Alessandro, non certo originale ne è lo schema narrativo che, sulla scia di una consolidata tradizione filosofico-storiografica, dicotomizza l'immagine del Macedone in due opposti e successivi profili: quello positivo dell'eroico cosmocratore formatosi ai dettami della cultura ellenica e quello negativo del despota orientale che, esposto dopo la battaglia di Isso alle lusinghe del lusso e della dissipazione (Giustino 11, 10, 1-3), si abbandona agli assassinii di Clito (Giustino 12, 6) e di Callistene (Giustino 15, 3, 3-6), nonché ai soprusi di un comportamento tirannico [44].

---

[43] Sull'argomento J.R. Fears, *The Stoic View of the Career and Character of Alexander the Great*, «Philologus» 118, 1974, 113-130; e, più determinatamente, A. Grilli, *Alessandro e Filippo nella filosofia ellenistica e nell'ideologia politica romana*, in *Alessandro Magno tra mito e storia*, a c. di M. Sordi, Milano 1984, 123-153.

[44] Therasse, «AC» 37, 1968, 588 giudica, viceversa, che

Viceversa assai eloquenti e ricchi di spunti per una valutazione dell'idologia dell'autore si rivelano gli apporti, autenticamente trogiani, all'impostazione e valutazione dell'esperienza di Alessandro, soprattutto in rapporto con le correnti di pensiero della Roma contemporanea.

Così l'astensione da ogni ripresa della polemica Livio-*levissimi* pur nel probabile impiego di uno di questi come fonte e, di conseguenza, l'assenza di qualsiasi denigratorio confronto tra le conquiste di Alessandro e quelle di Roma: reticenza che è vano ascrivere all'indifferenza da erudito di Pompeo Trogo o alla volontà di Giustino di smussarne le pericolose angolosità [45].

Così la significativa enfatizzazione della dimensione ecumenica dell'egemonia del Macedone in costante rapporto analogico con l'universalismo d'Augusto.

Così la similitudine tra parabola degenerativa di Alessandro e decadenza di Roma, entrambi corrotti dal contatto con l'Oriente (Giustino 11, 10, 1-2. 36, 4, 12); e ancora, tra giudizio complessivamente positivo formulato, in sede di bilancio,

---

Trogo non sia ostile al Macedone anche se, per obbiettività, ne illustra i caratteri negativi.

[45] Per la prima alternativa si pronuncia A. Momigliano, *La valutazione di Filippo il Macedone in Giustino*, «RIL» 66, 1933, 983-996; Id., «Athenaeum» 12, 1934, 50; per la seconda Malaspina, «RomBarb» 1, 1976, 135.

circa l'operato del Macedone (Giustino 12, 15. 12, 16, 7-12) e valutazione ugualmente positiva riconosciuta alla funzione civilizzatrice del mondo romano (Giustino 44, 5, 8) che, è bene non dimenticare, lo storico sente e dichiara come propria casa e propria patria (Giustino 43, 1, 1-2).

In un quadro non privo di talune contraddizioni ma coerente nella sostanza, tali indicazioni militano, dunque, a favore di una autonomia di Trogo rispetto alle proprie fonti e, pur nell'indipendenza di un'originale visione storiografica, di una sua posizione di allineamento ai postulati ideologici del tempo: allineamento che travalica i modesti limiti di un superficiale *color Romanus* e che è forse lecito considerare come un viatico, non sappiamo se opportunistico o sincero, per la circolazione della suo 'anomalo' prodotto letterario nel clima politico tardo-augusteo o proto-tiberiano sempre meno incline alla tolleranza di qualsivoglia forma di opposizione intellettuale [46].

Giovannella Cresci Marrone

---

[46] La definizione di *color Romanus* è in Seel, *Eine römische Weltgeschichte*, 88 ss. Sul giudizio qui espresso sembra convergere per altre vie, da ultimo, L.A. Garcìa Moreno, *Alejandro Magno y la politica exterior de Augusto*, in *Neronia IV. Alejandro Magno modelo de los emperadores romanos*, a c. di J.M. Croisille, Bruxelles 1990, 132-142, part. 136 ss.

II
L'*IMITATIO ALEXANDRI* IN TROGO E IN LIVIO: UN CONFRONTO APERTO

1.

Nel noto *excursus* del IX libro (§§ 17-19) Livio si chiede cosa sarebbe successo se Alessandro, vinta l'Asia, si fosse rivolto contro l'Italia. Naturalmente – risponde Livio – Alessandro sarebbe stato sconfitto, perché Roma era grande già allora, ben prima cioè delle guerre con Cartagine e i Macedoni di Filippo V, delle vittorie di Zama e di Pidna. Livio intende dimostrare che se Alessandro aveva vinto in Asia questo era stato possibile solo perché aveva combattuto contro una schiera di eunuchi; ma ben altri soldati e comandanti avrebbe trovato in Italia. Roma gli avrebbe contrapposto un comandante come Lucio Papiro Cursore, mentre il Macedone avrebbe condotto con sé solo una schiera di ubriachi. In particolare, lo storico leva la sua voce contro alcuni denigratori, ossia contro «i più vanitosi dei Greci» (*levissimi ex Graecis*), i quali sostenevano persino la gloria dei Parti nel confronto con l'Urbe. Il che significa la gloria di chi era una vera spina nel fianco per gli eserciti di Roma.

Questo, in rapida sintesi, il contenuto polemico della digressione liviana le cui finalità sono state chiarite alla luce della propaganda politica di Augusto: se Alessandro, conquistatore dell'oriente, poteva diventare l'ispiratore di Antonio – legato alla parte orientale dell'impero tramite l'ultima dei Macedoni, Cleopatra –, Augusto ne era certamente superiore, perché vittorioso, per terra e per mare, su oriente e occidente [1].

Le finalità liviane non sono dunque un mero esercizio di retorica; e non lo sono neppure le argomentazioni, nel senso che – come vedremo di chiarire – Livio attinge a materiali preesistenti, piegati e utilizzati al proprio scopo.

2.

Soffermiamoci dunque a esaminare alcuni a-

[1] Per un esame dell'*excursus*, in relazione ai progetti occidentali di Alessandro vd. da ultimo L. Braccesi, *L'ultimo Alessandro. Dagli antichi ai moderni*, Padova 1986, part. 43-67. Vd. anche H.R. Breitenbach, *Der Alexanderexcurs bei Livius*, «MH» 26, 1969, 146-157; P. Treves, *Il mito di Alessandro e la Roma di Augusto*, Milano-Napoli 1953, 13-24; V. Viparelli Santangelo, *Ironia e ideologia nell'excursus del IX libro delle Storie di Livio*, «BSL» 8, 1978, 43-55.

spetti del primo vero Macedone con cui i Romani vennero in contatto, cioè Filippo V [2]. Secondo Polibio 5, 10, 10 Filippo V si sforzò tutta la vita di apparire «congiunto» di Alessandro, ma non si curò mai di imitarlo: nel contesto polemico della narrazione di Polibio questo significa che il re non fu mai degno successore del grande Macedone, per quanto ostentasse una genealogia fittizia che lo poneva in rapporto di sangue con il più illustre predecessore. Per esempio, nel 220ª Filippo si era rifiutato di punire la ribelle Tegea, sebbene gli fosse consigliato di agire come Alessandro con Tebe. Ma se allora il distacco da Alessandro era stato del tutto positivo, diversamente andarono le cose nel 218ª. In quell'anno il re si macchiò del sacrilego attacco al santuario etolico di Termo, per vendicare simili empietà commesse dagli Etoli in santuari d'Epiro e di Macedonia; come rileva Polibio, ben diversamente si era comportato Alessandro a Tebe, dove aveva di-

---

[2] Per l'*imitatio Alexandri* di Filippo V vd. A. Coppola, *La battaglia del Trasimeno, Filippo V e l'imitatio Alexandri*, in AttiCon *Assisi e gli Umbri nell'antichità*, Assisi 1991, in c. di st.; Ead., *Demetrio di Faro: un protagonista dimenticato*, in c. di st.; nonché, seppure con lievi divergenze nella selezione e nell'interpretazione delle fonti, il volume pressoché contemporaneo di C. Bohm, *Imitatio Alexandri im Hellenismus. Untersuchungen zum politischen Nachwirken Alexanders des Großen in hoch- und späthellenistischen Monarchien*, München 1989, part. 32-51.

strutto le abitazioni ma risparmiato i luoghi sacri. L'accostamento al modello Alessandro non è solo espediente letterario, ma esprime la realtà di una concreta volontà di Filippo di «imitare» Alessandro. Come afferma Trogo 29, 3, 8, epitomato da Giustino, il re era «tutto preso dal desiderio di imitare Alessandro» (*studio Alexandri aemulationis incensus*). Dunque, ogni esplicito riferimento al Macedone è da intendersi in relazione a un deciso atteggiamento da parte del re. È significativo che dal 218ª Filippo diventi un imitatore in negativo, superando Alessandro in nefandezze: in quell'anno era già attivo al suo fianco Demetrio di Faro, l'uomo che per Polibio fu l'artefice dei desideri occidentali del re, cioè dei sogni di conquista in Italia. In particolare, dopo la battaglia del Trasimeno, nell'estate del 217ª, fu proprio con Demetrio che Filippo si consigliò da principio, ed egli lo esortò ad approfittare del momento favorevole per passare in Italia, segnando così l'inizio di una conquista universale; lo esortava dicendo che Filippo era un re giovane e fortunato, e che a nessuno il dominio del mondo spettava più che a lui, appartenente a una famiglia che sempre aveva nutrito ambizioni universali. In sostanza, Demetrio faceva leva su elementi che facevano di Filippo copia esatta di Alessandro, con tanto di riferimento alla casata del Macedone cui in realtà il suo successore non apparteneva.

In forma meno esplicita, un aspetto dell'*imitatio Alexandri* da parte di Filippo V, strettamente legata all'idea dell'impero ecumenico, si può leggere in Livio 40, 21. Narra lo storico latino che, nel 181[a], Filippo fu preso dal gran desiderio (*cupido eum ceperat*) di ascendere uno strano monte, il monte Emo, nella Macedonia meridionale. Dall'alto di quel rilievo si potevano vedere, in una visione d'insieme, il Ponto, l'Adriatico, il Danubio e le Alpi: da oriente a occidente, fra Asia ed Europa. Un vero monte «ecumenico», dunque, tanto più che il gran desiderio che invade il re è quello stesso che tanto spesso caratterizza le imprese di Alessandro [3]. In particolare, è sulla guerra con Roma, e quindi sull'Italia, che si soffermano il pensiero e lo sguardo di Filippo. Un Filippo-Alessandro, e precisamente quell'Alessandro dei progetti occidentali così decisamente contrastati e respinti nella pagina di Livio 9, 17-19.

I Romani si scontrarono concretamente con Filippo a Cinocefale, nel 187[a]. Leggiamo in Trogo-Giustino 30, 3, 2 che alla vigilia della battaglia i Romani, pur avendo già vinto Annibale ed essendo pertanto consci della propria potenza, temevano moltissimo i Macedoni, ricordando

---

[3] Vd. A. Lehmann, *Tacitus und die «Imitatio Alexandri» des Germanicus Caesar*, in *Politik und literarische Kunst im Werk des Tacitus*, Stuttgard 1971, 23-26, part. 23-24.

quanto scompiglio aveva portato Pirro con il suo piccolo esercito e pensando alle gloriose azioni compiute dai Macedoni in oriente. I Romani, quindi, avevano paura dei Macedoni, soprattutto perché il re era «tutto preso dal desiderio di imitare Alessandro» (29, 3, 8). Infatti, nell'allocuzione ai soldati Filippo rievocò proprio i successi macedoni in oriente, cioè quelli di Alessandro; mentre il console Flaminino, ricordando ai suoi le vittorie su Cartagine, precisava che lo stesso Annibale non era da meno di Alessandro. Soprattutto, Flaminino spronava i soldati ricordando loro che essi non stavano combattendo contro Alessandro, che non era mai stato vinto, e neppure con il suo esercito, anzi, essi si misuravano con un re giovane e immaturo, incapace persino di difendere i confini. Dunque, Trogo-Giustino mette bene in evidenza il terrore provato dai Romani nei confronti di Filippo in quanto novello Alessandro, e ci indica come lo spettro del Macedone aleggi sul campo di battaglia. Il console ammette che Alessandro era un grande per ribadire che, al contrario, Filippo era un giovane inesperto. In realtà, Filippo non era poi così giovane (aveva passato i quaranta), il che è un elemento spia per farci datare il nascere di questi motivi ostili a Filippo: evidentemente già nel 217, quando, come scrive Polibio attribuendo ogni responsabilità a Demetrio di Faro, Filippo vagheggiava il passaggio in Italia sulle orme (ideali) di Alessandro. Tornando alla battaglia di Cinocefale, è interessante notare che il resoconto liviano (33, 3) tace ogni accenno ad Alessandro: lo storico si limita a osservare che Filippo ricordò ai suoi uomini le glorie passate. Il che significa le glorie di Alessandro; ma egli non viene espressamente nominato, così come viene omesso ogni accenno ai timori romani. E il silenzio liviano è tanto più significativo se pensiamo che anche Plutarco, nella *Vita di Flaminino* 7, 4-6, anche se in forma sintetica, pone Alessandro come punto di riferimento per i combattenti di entrambi gli eserciti: per i Romani perché speravano di vincere un esercito già famoso a causa di Alessandro, per i Macedoni perché speravano di superare in gloria lo stesso Alessandro [4]. Decisamente esplicita, in tal senso, l'affermazione di Floro 1, 23, 2 secondo cui, alla vigilia della prima guerra macedonica, i Romani

[4] Nel resoconto di Polibio 28, 23 non risulta invece alcun riferimento al Macedone: è citata solo l'allocuzione di Flaminino, il quale sprona i soldati ricordando loro precedenti successi contro i Macedoni di Filippo V in battaglie di poco conto, facilmente vinte. Se vogliamo, però, c'è tra le righe il sottinteso confronto con altri Macedoni, ben più valorosi. È certo che in questo caso Livio non trascrive Polibio, però entrambi lasciano solo intravedere quei motivi così apertamente presenti in Trogo-Giustino come se ambedue avessero selezionato i discorsi, scartando ogni forma di propaganda troppo allusiva alla gloria macedone e al timore dei Romani.

si comportavano proprio come se avessero a che fare con Alessandro.

Abbiamo detto che per Polibio Filippo non era un degno successore di Alessandro. Ebbene, lo storico precisa meglio questa sua affermazione in un altro luogo (8, 10-11), in cui ricorda altri atti indegni del re, quelli commessi a Messene nel 215. È significativo, innanzitutto, che egli ponga in quest'anno – che è l'anno del patto fra Filippo e Annibale in funzione antiromana, e anche l'anno di inizio della cosiddetta prima guerra macedonica – il «cambiamento» del re (μεταβολή); cambiamento, ovviamente, in peggio. Prendendo spunto dal peggioramento del re, Polibio apre una disgressione sulla parzialità degli storici, e cita come esempio Teopompo a proposito di Filippo II, padre di Alessandro [5]. Teopompo, infatti, affermava che Filippo II non era che un depravato, un ubriacone, capo di una schiera di etere, di un esercito di uomini viziosi. Al contrario, ribatte Polibio, i Macedoni erano specchio di virtù e di ardore guerriero, tanto gli uomini di Filippo II quanto quelli di Alessandro. In particolare, gli uomini di quest'ultimo sapevano sostenere ogni fatica e si distinguevano tutti per comportamento regale (ἅπαντες βασιλικοὶ). Insomma, ben altra

---

[5] *FGrHist* 115 F 225; vd. Ateneo 6, 77.

cosa rispetto a Filippo V e al suo esercito. L'«imitatore» era ben lontano dal modello.

3.

Filippo V, dunque, si contraddistinse per una *imitatio Alexandri* che implicava la conquista ecumenica, a partire dall'occidente, cioè dallo scontro con Roma. Questo suo atteggiamento conosce l'illustre precedente di un altro «macedone», quello di Pirro re d'Epiro.

In un luogo di Pausania (1, 11, 1) si legge che Pirro non aveva con il grande Macedone alcun legame, se non per via di lontani antenati: affermazione che sarebbe del tutto gratuita se alle spalle non avesse indicazioni contrarie. Evidentemente, vi era invece chi affermava che Pirro *aveva* legami di sangue con Alessandro [6]. E questo è già un elemento per scoprire le linee di una *imitatio Alexandri* da parte del re epirota. Ci sono infatti varie indicazioni in tal senso. Pirro si van-

---

[6] Se l'interpretazione coglie nel segno, si potrebbe veder traccia in Pausania di una tradizione ostile, forse Ieronimo: sulle fonti del *lògos* di Pausania su Pirro vd. P. Lévêque, *Pyrrhus*, Paris 1957, 67-72; 20-5; C. Bearzot, *Storia e storiografia ellenistica in Pausania il Periegeta*, Venezia 1992, 231, pensa invece a una semplice demarcazione temporale (*ante* 289) rispetto al momento in cui Pirro si rifà esplicitamente al cugino.

tava di combattare non per il bottino ma per la gloria militare [7], esattamente come altri diadochi, cioè Tolomeo I d'Egitto e Demetrio Poliorcete [8], secondo un'attitudine propria di Alessandro [9]. Nella *Vita di Pirro* scritta da Plutarco (11, 4-6) si legge che Alessandro apparve in sogno a Pirro spronandolo alla conquista della Macedonia [10]. Inoltre, al momento della sua vittoria sui Macedoni di Demetrio Poliorcete gli stessi Macedoni lo paragonarono ad Alessandro, come si legge nella *Vita di Pirro* (8) e nella *Vita di Demetrio* (41) [11]. E anche nell'aspetto fisico Pirro desiderava assomigliare ad Alessandro [12]. Non sarà poi un caso se chiamò un figlio Alessandro, proprio quello nato da Lanassa, figlia di Agatocle di Siracusa, che sanciva un legame con l'occidente, in vista di possibili conquiste [13]. Anzi, Trogo-Giustino scrive che quando Pirro mosse verso l'Italia intende-

---

[7] Ennio, *ann.*, 194-196 V^2.

[8] Giustino 15, 1, 6-9, 2, 6-9: cf. J.L. Ferrary, *Philhellénisme et impérialisme. Aspetcs idéologiques de la conquête romaine du monde hellénistique*, Paris-Rome 1988, 115.

[9] Vd. G. Cresci, *supra*, 39 ss.

[10] Cf. P. Weippert, *Alexander-Imitatio und römische Politik in republikanischer Zeit*, Augsburg 1972, 14 n. 3. Cf. P. Goukowsky, *Essai sur les origines du mythe d'Alexandre, 1. Les origines politiques*, Nancy 1978, 116.

[11] Weippert, *Alexander-Imitatio*, 14 n. 1.

[12] Luciano, *adv. ind.* 21; cf. Lévêque, *Pyrrhus*, 269.

[13] Plutarco, *Pyrrh.* 9, 2-3; Diodoro 22, 8, 2.

va non essere da meno di Alessandro Magno né di Alessandro il Molosso, zio dell'Alessandro più famoso e re d'Epiro come Pirro [14]. *Imitatio in rebus*, dunque, ma anche *post mortem* se Trogo-Giustino 25, 4, 3. 5, 4-5 può ribadire che egli non venne mai sconfitto (*invictus*) connotandolo esattamente come Alessandro. Interessante è un passo della *naturalis historia* di Plinio (3, 101) in cui si dice che Pirro intendeva costruire un ponte di barche fra le due sponde del Canale di Otranto: un desiderio concreto di congiungere i nuovi confini fra oriente e occidente, passati dall'Ellesponto – dove Serse aveva costruito il suo ponte di barche per congiungere Asia ed Europa – al mare che bagna le coste dell'Italia. La stessa grandiosità del progetto ci riporta ad analoghe imprese vagheggiate da Alessandro, come il «taglio» della Crimea o la costruzione di una strada costiera da Suez a Gibilterra, imprese quasi fantastiche che dovevano servire a unire mondi lontani da conquistare e civilizzare [15]. Anche l'Alessandro di Pirro era dunque proiettabile in occidente, naturalmente in senso ostile a Roma. Sicuramente Pirro si presentava in Italia come un Acheo venuto a combattere contro i Romani-Troa-

[14] Vd. Lévêque, *Pyrrhus*, 269.

[15] Per analoghe forme di *imitatio Alexandri* in Cesare vd. Braccesi, *Alessandro e la Germania*, Roma 1991, 11-26.

ni [16]; ma non è da escludere che si presentasse anche come erede di Alessandro, o addirittura come novello Alessandro, per portare a termine i progetti di conquista in Italia appena abbozzati dal Molosso e solo vagheggiati da Alessandro.

Dopo il primo scontro con Roma, Pirro venne a trattative tramite il suo legato Cinea. In senato chi si oppose a ogni forma di accordo fu Appio Claudio Cieco, che pronunciò un famoso discorso riportato da Plutarco, nella *Vita di Pirro* 19, 1, e da Appiano, nelle *Guerre Sannitiche* 10, 2 [17]. In Plutarco Appio Claudio sprona i Romani a rifiutare una pace disonorevole ricordando che essi stessi andavano ripetendo che se anche fosse venuto Alessandro in Italia e avesse guerreggiato con i loro padri non sarebbe stato celebrato come «invincibile», ma sicuramente sarebbe fuggito o caduto sul campo. Ora, invece, – continua Appio Claudio – i Romani temevano i Caoni e i Molossi (popolazioni epirote), soggetti ai Macedoni, e temevano Pirro, che corteggiava un satellite di Alessandro (Tolomeo I d'Egitto) ed era in Italia per sfuggire ai suoi nemici più che per aiutare i Greci d'occidente, perché non era riuscito a conservare per sé neppure una piccola parte di

---

[16] Ennio, *ann.*, 179-180. 275 V^2; Pausania 1, 12, 1.
[17] *ORF* 1, 2-4.

Macedonia. Appiano precisa solo che secondo Appio Claudio stringere la pace con Pirro significava sottomettere i Romani ai Macedoni.

In entrambe le testimonianze, dunque, Pirro rappresenta i Macedoni; ma dei Macedoni incapaci, che non sono all'altezza della situazione e che, in ogni caso, sono inferiori ad Alessandro. Esattamente come i Macedoni di Filippo V nelle testimonianze che abbiamo esaminato. Questo è infatti il senso del riferimento a un'eventuale venuta di Alessandro in Italia: se i Romani si vantavano dicendo che avrebbero sconfitto Alessandro in persona, perché temevano ora una sua «brutta copia»? Il paragone sottintende una valutazione positiva di Alessandro, in rapporto al quale l'imitatore era decisamente inferiore. Però, naturalmente, i Romani erano superiori allo stesso Alessandro, tanto che sicuramente l'avrebbero sconfitto. Tutto questo, nel discorso di Appio Claudio, ha un senso solo se Pirro si faceva forte dell'immagine di Alessandro: da quel che abbiamo visto, possiamo sostenere l'idea di un'*imitatio Alexandri* da parte di Pirro e propendere, in base a ciò, per l'autenticità del discorso di Appio Claudio nella versione di Plutarco, più ampia, e in quella di Appiano, più sintetica [18]. Ci si po-

[18] La storicità del discorso di Appio Claudio, particolar-

trebbe anche chiedere se già Appio Claudio avesse menzionato il campione romano da opporre al Macedone, e se avesse chiamato in causa proprio Papiro Cursore, come fa Livio. È altamente probabile, infatti, che vi fossero stretti legami politici fra Appio Claudio e Papirio [19]: forse, già nel discorso di Appio Claudio riportato da Ennio esistevano indicazioni in tal senso, riprese e fatte proprio da Livio [20].

---

mente riguardo alle versioni che ci sono giunte e alla reale pubblicazione del testo, è discussa: scettici E. Malcovati, in *ORF* 1, 5-6; A. Passerini, *Sulle trattative dei Romani con Pirro*, «Athenaeum» 21, 1943, 92-112, part. 111; A. Garzetti, *Appio Claudio Cieco nella politica del suo tempo*, «Athenaeum» 25, 1947, 175-224, part. 219 n. 2. *Contra* Treves, *Il mito di Alessandro*, 100-102. 116-117; H. Bardon, *La littérature latine inconnue*, 1, Paris 1952, 22; in particolare, Weippert, *Alexander-Imitatio*, 10-17, evidenzia proprio le attestazioni di *imitatio Alexandri* da parte di Pirro a proposito del riferimento ad Alessandro nel discorso di Appio Claudio. È da notare che anche Lévêque, *Pyrrhus*, che nega la storicità della menzione di Alessandro (352), spiega però la stessa venuta di Alessandro in Italia con il desiderio del re di imitare Alessandro (296).

[19] Che vi fossero fra i due legami politici è fondata ipotesi di F. Cassola, *I gruppi politici romani nel III secolo a.C.*, Trieste 1962, 137-146. Tuttavia, Papirio poteva essere stato scelto da Livio per altri motivi, primo fra tutti il fatto che fu console nel 323 (vd. M. Sordi, *Alessandro e i Romani*, «RIL» 99, 1966, 435-452); ma anche perché sconfisse i Sanniti, che non debellò neppure lo zio di Alessandro, il Molosso (Ead., *Roma e i Sanniti nel IV secolo a.C.*, Bologna 1969, *passim*); e forse anche perché recuperò i *signa amissa* di Caudio, prestandosi bene alla politica augustea dei *signa recepta* (vd. Treves, *Il mito di Alessandro*, 20).

[20] Che Ennio citasse il discorso di Appio Claudio è noto da

Anche per Pirro vale così il principio secondo cui Alessandro era più audace dell'imitatore, ma anch'egli sarebbe stato sconfitto dalle schiere romane: Alessandro era più capace di chi ne sfruttava l'immagine per intimorire i Romani, ma egli stesso, nel confronto aperto con Roma, sarebbe stato vinto. Alessandro gioca così un ruolo diverso, a secondo della parte in causa: un ruolo antiromano, da parte greca; un ruolo positivo, in relazione agli inetti imitatori, da parte romana, ma, sempre da parte romana, un ruolo negativo nell'eventualità di una sua venuta in Italia.

4.

Torniamo ora a Livio. Egli ribadisce che Roma era grande fin dall'inizio, ben prima delle guerre del III secolo, e svilisce, per contrasto, Alessandro. Invece in Trogo il console romano, a Cinocefale, sprona i soldati ricordando proprio

---

Cicerone, *Cato* 16 = Ennio, *ann.* 202-202 V^2. E molti sono gli echi enniani in Livio: vd. L. Alfonsi, *Sul passo liviano relativo ad Alessandro Magno*, «Hermes» 90, 1962, 505-506. Anche Orosio 3, 15, 10 afferma che il comandante che avrebbe affrontato Alessandro sarebbe stato Papirio, ma, a differenza del testo liviano, precisa che il Macedone sarebbe giunto in Italia dall'Africa: è supposizione di Orosio o è invece la spia dell'utilizzazione di un'altra fonte?

le vittorie in quei conflitti; e, soprattutto, il console svilisce Filippo in rapporto alla grandezza di Alessandro. In sostanza, Livio attribuisce ad Alessandro quelle stesse note negative che per Flaminino, in Trogo, caratterizzano invece Filippo, un re giovane e incapace di difendere i confini macedoni; particolare, quest'ultimo, che accomuna Filippo V al Pirro di Appio Claudio, incapace di mantenere la Macedonia, patria di quella famiglia da cui si vantava di discendere.

Livio fa così scadere il Macedone al livello dei suoi imitatori, traendo spunto da un tipo di propaganda che in realtà ammetteva la grandezza di Alessandro. Anche Livio la riconosce, seppure a denti stretti, ma solo per le «facili» conquiste orientali. Per quel che riguarda l'Italia egli sarebbe stato sconfitto da quei Romani che non ebbero mai paura di nessuno, neppure di Filippo o di Pirro. È interessante notare come Livio inserisca nell'*excursus* la frase che pronunciò Cinea dopo il fallimento delle proposte di pace, senza però citarlo. Egli infatti scrive (9, 17, 14) che aveva ragione colui che definì Roma un consesso di re, come effettivamente disse Cinea a Pirro, in una frase variamente riportata nelle fonti [21]. Livio ha quindi

[21] Appiano, *Samn.* 10,9; Floro 1, 13, 20; Plutarco, *Pyrr.* 19, 6; Trogo-Giustino 18, 2, 11.

ben presente il clima in cui si agitava lo spettro di Alessandro pro e contro Roma, e significativamente inserisce questa affermazione, apparentemente estranea al contesto e da lui piegata alle sue esigenze, nel corso della polemica su Alessandro.

Livio pare dunque aver tratto materia dalla propaganda che colpiva gli imitatori di Alessandro, riversandone i toni negativi su Alessandro stesso, in un clima di antitesi fra oriente e occidente. Livio ribadisce la superiorità di Roma e si scaglia contro i suoi denigratori, affermando che l'Urbe era sempre stata grande e che lo era per il valore (*virtus*) dei suoi uomini, e non per il cieco volere del fato (*fortuna*).

I medesimi toni polemici si leggono nella prefazione alla *Storia di Roma arcaica* di Dionisio di Alicarnasso, pubblicata nel 7 a.C.. Scrive infatti Dionisio (1, 2-4) che intento della sua opera era dimostrare che Roma era stata grande anche prima di sconfiggere Cartagine e l'oriente, al contrario di quel che affermavano alcuni, perché Roma vantava ben settecentoquaranticinque anni di storia. La lunga durata dell'impero di Roma era per Dionisio una garanzia, da evidenziare contro coloro che teorizzavano la successione degli imperi, dagli Assiri ai Medi ai Persiani ai Macedoni. Fra l'altro – scrive Dionisio – l'impero macedone, in particolare, non era affatto riuscito a sottomettere tutta la terra con i mari, come invece fece Roma.

Nonostante ciò, c'erano fra i Greci dei «grandi maligni» (κακοηθέστεροι) che attribuivano i successi di Roma a una «sorte ingiusta» (τύχη ἄδικον), ed erano anche al servizio di re barbari nemici della supremazia romana; e altri ancora accusavano la sorte di aver dato troppo ai «più spregevoli fra i barbari», così definendo i Romani [22]. Riassumendo, i temi polemici di Dionisio sono: la durata della grandezza di Roma; la successione degli imperi; il confronto oriente-occidente; il ruolo della sorte. Sono cioè gli stessi temi di Livio, compreso quello della successione degli imperi, di cui Livio non parla solo perché lo annulla nel momento in cui evidenzia l'antichità della supremazia romana. Ma fra i testi di Livio e di Dionisio esistono anche affinità verbali che è bene evidenziare. I *levissimi ex Graecis* di Livio corrispondono chiaramente ai κακοηθέστεροι (ovviamente των Ἑλλήνων, come si evince dal conte-

---

[22] È possibile che l'autore principale con cui polemizza Dionisio sia proprio Metrodoro di Scepsi: non mi pare che sia stata notata la forte affinità fra Dionisio 1, 4, 2 e Trogo-Giustino 38, 6, 7: Dionisio se la prende con chi afferma che nelle origini di Roma ci sono esuli, barbari e schiavi: ebbene, questo è esattamente quel che si legge in Trogo-Giustino nel discorso di Mitridate, al cui «servizio» era Metrodoro: vd. S. Mazzarino, *Il pensiero storico classico*, 2, Bari 1983[2], 487-488, che considera Metrodoro l'autore con cui polemizza Dionisio e la fonte che ha influenzato, in generale, Trogo. Pensava invece a Timagene come ispiratore di Dionisio E. Schwartz, in *RE* V 1, 1903, *s.v. Dionysios*, coll. 934-971, part. 959.

sto) di Dionisio. *Levissimi* equivale, nella sua valenza negativa, a κακοηθέστεροι e si oppone all'accusa rivolta ai Romani di essere «i più spregevoli fra i barbari» utilizzando lo stesso sintagma (superlativo e partitivo). È dunque evidente che entrambi rispondono ai medesimi attacchi denigratori [23].

Sicuramente fra i detrattori ci saranno stati autori come Metrodoro di Scepsi, legato a Mitridate, o come Teagene, caduto in disgrazia presso Augusto [24]. Comunque, i medesimi temi sono ben presenti nelle *Storie Filippiche* di Pompeo Trogo, che possiamo definire contemporaneo di Livio e di Dionisio [25]. La critica ha ampiamente valutato il significato dell'opera di Trogo, che

---

[23] Nega invece che l'autore con cui polemizzano Dionisio e Livio sia lo stesso A. Momigliano, *Livio, Plutarco e Giustino su virtù e fortuna dei Romani*, «Athenaeum» 12, 1934, 45-56 (= *Terzo contributo alla storia degli studi classici*, Roma 1966, 499-511).

[24] Vd. G. Schwab, *De Livio et Timagene*, Stuttgart 1834; M. Sordi, *Timagene di Alessandria: uno storico ellenocentrico e filobarbaro*, in *ANRW* II 30. 1, 1982, 775-797.

[25] Datare Trogo non è semplice. Lo colloca in età tiberiana O. Seel, *Eine römische Weltgeschichte. Studien zum Text der Epitome des Iustinus und zur Historik des Pompeius Trogus*, Nürnberg 1972, 178-180; all'età augustea pensa il resto della critica, p. es. A. Klotz, in *RE* 21, 2, 1952, *s.v. Pompeius*, coll. 2300-2313. Per uno *status quaestionis* vd. J.M. Alonso Núnez, *An Augustan World History: the Historiae Philippicae of Pompeius Trogus*, «G&R» 34, 1987, 56-72, part. 60-61, e l'introduzione a *Giustino. Storie filippiche*, a c. di L. Santi Amantini, Milano 1988.

tiromani e altri favorevoli invece all'Urbe e ad Augusto. Non va comunque sminuita la portata polemica di certi spunti, all'interno di un'opera che già per il suo impianto poteva essere «sospetta»: si tratta infatti di una storia universale, cioè di una storia degli imperi che si sono succeduti nella supremazia del mondo, ultimo dei quali quello romano. Utile soprattutto è il confronto con Livio, confronto già operato a livello tematico – in senso inverso – e anche a livello verbale. Vale la pena, comunque, analizzare ancora alcune rispondenze verbali.

Livio (9, 18, 13-19) scrive che Alessandro era un re e regnava da solo, senza interruzioni di comando; invece, i comandanti romani potevano decadere dalla carica nel momento cruciale o avere un collega incapace o le leve impedite dai tribuni. Nonostante ciò, Roma avrebbe avuto ugualmente molti Alessandri in uno scontro diretto con lui (*quod Macedones unum Alexandrum habuissent ... Romani multi fuissent Alexandro vel gloria vel rerum magnitude pares*) Il riferimento ai molti Alessandri è stato avvicinato alla frase trogiana «al posto di uno, la Macedonia avrebbe avuto molti Alessandri ...» (*multosque Macedonia pro uno Alexandros habuisset*, 13, 1, 15) [26]. Ma va

[26] Momigliano, *Livio, Plutarco e Giustino*, n. 3.

dato rilievo anche alla seconda parte della medesima frase: «se la sorte non li avesse armati l'uno contro l'altro in una gara di valore» (*nisi fortuna eos aemulatione virtutis in perniciem mutuam armasset*), a cui sembra rispondere la frase liviana «consoli e dittatori della cui sorte e del cui valore il popolo romano non ebbe mai a dispacersi» (*consul dictatorumque quorum nec virtutis nec fortunae ullo die populum Romanum paenituit*, 9, 18, 12). Inoltre, all'espressione di Trogo «l'esercito macedone era comandato da un gran numero di re, non di comandanti» (*cum exercitum Macedonum tot non ducibus sed regibus regeretur*, 13, 1, 14) è stata affiancata quella liviana «quello che definì il segnato come consesso di re fu l'unico a cogliere la vera natura del senato» (*senatus ille quem qui ex regibus constare dixit unus veram speciem Romani senatus cepit*, 9, 17, 14) [27]. Ma anche in un altro luogo Trogo insiste sui re, a proposito dei diadochi: «erano così valorosi e venerandi che li avresti definiti tutti dei re» (*nam eius virtutis ac venerationis erant ut singulos reges putares*, 13, 1, 11) [28]. E comunque, quella che sembra es-

[27] Momigliano, *Livio, Plutarco e Giustino*, n. 3. Vd. anche O. Seel, *Eine römische Weltgeschichte. Studien zum Text der Epitome des Iustinus und zur Historik des Pompeius Trogus*, Nürnberg 1972, 119-120 (che però non cita Momigliano).

[28] Momigliano, *Livio, Plutarco e Giustino*, n. 3.

sere una risposta più pungente sta nella polemica liviana contro i re: che dei re comandino l'esercito in Livio non è un gran merito, anzi, troppo facile è per un re comandare. E la frase sul senato come consesso di re si può anche confrontare con altro. Livio 9, 19, 5 scrive che contro i duecentocinquantamila cittadini che ogni cinque anni si censivano a Roma, Alessandro avrebbe condotto non più di trentamila uomini e quattromila cavalieri, e questi sarebbero stati non i giovani ma i veterani. Livio sottolinea questi dati con disprezzo. Le stesse cifre si leggono in Trogo, ma il tono è nettamente diverso, perché Trogo scrive che «un così piccolo esercito» (*haec tam parva manus*, 11, 6, 3) riuscì ugualmente a conquistare il mondo, e per di più i soldati non erano giovani ma veterani, tanto che le file erano comandate da sessantenni. Anzi, «a guardare i comandanti sembrava di vedere il senato di qualche antica repubblica» (*si principia castrorum cerneres, senatum te priscae alicuius rei publicae videre diceres*, 11, 6, 6). Ecco invece che il senato romano si distingue ulteriormente in Livio, aumentando il proprio rango a quello regale, proprio in un contesto in cui si contrappone il senato di Roma alla giovane età del Macedone. Ricordiamo che in Polibio, cioè in una tradizione ostile agli imitatori di Alessandro se nemici di Roma, ma favorevole ad Alessandro tradizione ostile agli imitatori di Alessandro se nemici di Roma, ma favorevole ad Alessandro stesso, erano propio i Macedoni ad essere «tutti dei re» (ἅπαντες βασιλικοί). Il tema non era dunque scelto a caso. Ed è da notare che proprio quel passo di Polibio è seguito da un attento confronto fra esercito, armature e comandanti macedoni da una parte e romani dall'altra, perché non si imputasse alla sorte la vittoria di Cinocefale e per dimostrare così razionalmente la superiorità dei Romani sui Macedoni. Lo spunto polemico è pertanto esattamente lo stesso che si ritrova in Livio.

Il confronto con Trogo ci permette di chiarire alcuni aspetti dell'*excursus* liviano. È possibile che la comunanza di tematiche derivi dall'utilizzazione della medesima fonte antiromana, vio-

[29] Vd. Santi Amantini, *Introduzione*, 37. Ma ormai la tesi dell'unicità della fonte di Trogo non tenta più nessuno. Noi non sappiamo esattamente quando scrisse l'uno e quando scrisse l'altro. A prescindere dalle ipotesi della critica, l'unico dato concreto è una frase di Trogo-Giustino 38, 3, 11, che dimostra solo che Trogo rimproverava a Livio l'uso dei discorsi diretti; ma questo non significa che egli conoscesse *tutta* l'opera liviana o, viceversa, che Livio non abbia potuto inserire l'*excursus* dopo essere venuto a conoscenza del lavoro di Trogo. La cronologia non è sicura, ma come ipotesi di lavoro potremmo anche supporre, azzardando, che anche lo stesso Trogo rientrasse fra «i più vanitosi dei Greci», in quanto di area massaliota e molto fiero dell'ellenizzazione di quella regione; o comunque, in generale, fra coloro che si servivano di

lentemente contrastata da Livio, tranquillamente recepita da Trogo [29]. Per Trogo la tradizione passata, in particolare quella macedone, non ha bisogno di «rivisitazioni». Così l'*imitatio Alexandri* del passato (e del presente?) non sminuisce per lui il valore attuale di Roma, anzi, proprio l'*imitatio* e il confronto con il modello Alessandro, con cui Roma mai si scontrò, gli permettono di ridimensionare i reali nemici con cui Roma si scontrò.

Solo Livio, dunque, compie un passo ulteriore. Riassumendo, possiamo ribadire che la tradizione precedente Livio tendeva a ridurre la pericolosità dei «successori» di Alessandro, che a lui si rifacevano espressamente, proprio sminuendoli nel confronto con il Macedone, la cui grandezza veniva pertanto riconosciuta. Livio, invece, assume tutte le note negative degli imitatori e le riversa su Alessandro stesso, il cui valore è ammesso solo in relazione all'oriente, così facile da conquistare. Il tutto all'interno di un contesto attua-

---

argomenti «pericolosi» per il buon nome di Roma e assimilavano tematiche «filoelleniche» o «filobarbariche». È significativo il fatto che Livio adotti per la fondazione di Marsiglia la medesima datazione che si legge in Trogo, anziché quella di Timagene (cf. Mazzarino, *Il pensiero*, 3, 389): questo è un segno del fatto che Timagene non è sicuramente l'unica fonte di Trogo; ma anziché pensare a un'altra fonte comune, si potrebbe anche ipotizzare, almeno per questo particolare, proprio una derivazione di Livio dal «massaliota» Trogo.

lizzante di polemica contro i denigratori di Roma; polemica che si ritrova identica, ma senza il nome di Alessandro, in Dionisio di Alicarnasso. Livio capovolge insomma gli stessi ingredienti di una tradizione favorevole – nel confronto – al Macedone, tradizione che viene invece recepita così com'è dal suo contemporaneo Pompeo Trogo.

Alessandra Coppola

III
TROGO-GIUSTINO E I SUCCESSORI DI ALESSANDRO

L'opera perduta di Pompeo Trogo e la riduzione-rielaborazione che ne fece Giustino sono legate da complessi rapporti, particolarmente suggestivi per le analisi storiografiche: per l'estensione universale delle *Historiae Philippicae*, non v'è quasi tema della storia greca antica per il quale non si proponga l'analisi della versione conservata in Trogo-Giustino.

Ciò è vero particolarmente per quanto concerne la storia della Macedonia e dell'età ellenistica, che costituiva il nucleo principale dell'opera di Trogo, sviluppandosi dall'età di Filippo II alla dissoluzione dei regni nell'orbita romana. La struttura delle *Historiae*, quale ancora si riconosce attraverso l'epitome di Giustino, fornisce adeguata conferma di tale prospettiva. La materia si lascia agevolmente suddividere in esadi, rispetto a cui restano isolati per prospettiva d'indagine e contenuto i due estremi libri (43-44) [1]. Nella ri

[1] Questo aspetto è stato recentemente riproposto all'atten-

partizione il ruolo della storia ellenistica – e più in particolare dei Diadochi – all'interno dell'opera risalta con qualche efficacia: queste pagine si propongono di riflettere sulle strutture concettuali ed espressive che guidano la sua esposizione.

I libri 1-6 portano dal regno di Nino assiro alla fine della libertà greca; una sorta di «archaiologhia» premessa all'oggetto vero e proprio della storia, un raccordo sommario utile a formare il senso unitario di «ciclo» storico, ineludibile dato il taglio universalistico delle *Filippiche*. I libri 7-12 vanno dall'ascesa di Filippo alla morte di Alessandro: con una notevole compattezza vi si affrontano i nuclei centrali della storia macedonica, secondo lo schema della *translatio imperii*. Nei libri 13-18 è narrata la storia dei Diadochi dalla morte di Alessandro alla battaglia di Curupedio e alla spedizione di Pirro in Occidente; il blocco presenta quasi una cesura al termine del libro 17, con la morte di Lisimaco e Seleuco. I libri 19-23 aprono una lunga «digressione» sul mondo dell'Occidente, la Sicilia, Cartagine e la sconfitta celtica in Europa: l'ampiezza dello sviluppo ribadisce il taglio universalistico della riflessione trogiana. Per contro i libri 24-30 segnano il ritorno alla

---

zione da R. Syme, *The Date of Justin and the Discovery of Trogus*, «Historia» 37, 1988, 358-71, 370.

focalizzazione «macedone», dalla morte di Tolomeo Cerauno al Gonata, alla sconfitta di Filippo V; mentre i libri 31-36, che parlano soprattutto dell'Asia da Antioco III alla sconfitta di Aristonico, affrontano l'ingresso dell'Oriente ellenistico nell'orbita romana. Coerente il passaggio, nei libri 37-42, all'Asia di Mitridate e dei Parti; è la sezione forse più problematica, in cui sono stati avvertiti più nettamente toni antiromani, rintracciati anche nella coppia conclusiva (libri 43-44) dove si parla, finalmente, di Roma [2].

La struttura e il contenuto delle *Filippiche*, anche in rapporto alle parti dedicate ai Diadochi, inducono a riflettere sulla teoresi storica di Trogo e sul titolo da lui scelto. Al riguardo mantengono il loro valore alcune analisi ormai classiche [3]. Il

---

[2] Sul tema in generale cf. H. Fuchs, *Der geistige Widerstand gegen Rom in der antiken Welt*, Berlin 1964², part. 15 e 42 ss. su Trogo-Giustino, con osservazioni sul tema della «antiromanità» di Trogo: critico *Forschungsbericht* in G. Forni, *Fonti e valore storico in Pompeo Trogo. Le guerre persiane*, Urbino 1958, 13 ss.

[3] Cf. A. Momigliano, *La valutazione di Filippo il Macedone in Giustino*, in *Quarto Contributo*, Roma 1969, 225-38, part. 236 s. [=«RIL» 66, 1933, 983-996]; *Livio, Plutarco e Giustino su virtù e fortuna dei Romani*, in *Terzo Contributo*, Roma 1966, 499-511, 505 s. [=«Athenaeum» 12, 1934, 45 56]; P. Treves, *Il mito di Alessandro e la Roma di Augusto*, Milano-Napoli 1953, 43 s., 82 ss.; O. Seel. *Eine Römische Weltgeschichte. Studien zum Text der Epitome des Iustinus und zur Historik des Pompeius Trogus*, Nürnberg 1972, part. 267 ss. sul titolo dell'opera trogiana. Recentemente cf. R. Urban, «*Histo-*

punto qualificante e decisivo è nel rapporto di Trogo con Teopompo: rapporto non pur di temi, quanto di prospettiva e di metodo nella enucleazione dei cardini dello sviluppo storico [4]. Fin dalla lucida *praefatio* quelle di Trogo si propongono come storie greche ed universali (*Graecas et totius orbis historias*): ma l'asse centrale «filippico» significa la ricerca di una continuità greco/macedone, che pone al centro dell'analisi la storia della Macedonia, compresi gli sviluppi per cui le storie di Filippo si tramutarono in storia universale attraverso le conquiste di Alessandro e i regni dei Diadochi, fino a che questi non trapassarono in modo più o meno sofferto entro l'*imperium* romano e fino all'estrema propaggine partica [5].

Questo processo nell'inquadramento di Trogo appare coerente: la *translatio imperii* dall'Oriente

---

riae Philippicae» bei Pompeius Trogus: Versuch einer Deutung, «Historia» 31, 1982, 82-96; J.M. Alonso Nuñez, *An Augustan World History: the «Historiae Philippicae» of Pompeius Trogus*, «G&R» 34, 1987, 56-72.

[4] Anche ammettendo che in Roma il titolo potesse evocare peculiari ricordi e suggestioni: cf. ora R. Develin, *Pompeius Trogus and Philippic History*, «Hist. Histor.» 8, 1985, 110-15.

[5] Sulla problematica trogiana e la presenza dei Parti cf. S. Mazzarino, *Il pensiero storico classico*, Bari-Roma 1966, 2, 1, 484 ss. Il segno della continuità era individuato da Trogo anche sul piano della tradizione dinastica: cf. l'ascendenza «macedone» di Mitridate [38,7,1] e Seleuco Nicatore primo dei *Parthorum reges* in Ampelio 31, in una sezione che si ritiene derivata da Trogo.

al mondo greco-macedone si compie in effetti con l'opera di Alessandro. Data la precoce morte del re però la conservazione del primato universale raggiunto spetta ai suoi successori, i Diadochi: son loro a riproporre e a continuare variamente la figura di Alessandro, dando vita ai regni che segneranno la storia dell'Oriente e poi quella di Roma. In questo quadro appaiono pienamente centrali le figure di Filippo e di Alessandro [6], ma risaltano anche i Diadochi, quali mediatori verso Occidente dell'idea monarchica e dell'esperienza macedone imperiale. Ma pur nel taglio universalistico dell'opera tale sottolineatura – quale che fosse la via per cui Trogo giunse a realizzarla – non era banale: nella storiografia romana il richiamo (polemico o esaltante) ad Alessandro aveva lasciato prevalentemente in ombra le figure dei Diadochi, ridotti a figure «da aneddoto» senza spessore né storico né ideale; anche i partigiani greci di Roma come Elio Aristide nell'opposizione Alessandro/Roma emarginavano l'esperienza storica dei Diadochi [7]. Rispetto a queste prospettive il taglio

[6] Oltre ai citati contributi di Momigliano e Treves cf. J. Therasse, *Le moralisme de Justin (Trogue-Pompée) contre Alexandre le Grand et son influence sur l'oeuvre de Quinte-Curce*, «AntCl» 37, 1968, 551-88 e in generale la rassegna di G. Forni-M.G. Angeli Bertinelli, *Pompeo Trogo come fonte di storia*, ANRW II 30. 2, Berlin 1982, 1298-1362.

[7] L'importante osservazione risale a L. Castiglioni, *Motivi*

prescelto da Trogo, le sue parole spesso encomiastiche nei confronti dei re – soprattutto i Diadochi – rappresentano un'eccezione.

Naturalmente la complessità talora contraddittoria del testo, la perdita delle fonti primarie, la riduzione operata da Giustino, rendono difficile capire la riflessione di Trogo sul primo ellenismo. Il primo passo è quello di valutare il peso dell'epitome: alcuni studi fondamentali [8] hanno insegnato a non attribuire a Trogo *sic et simpliciter* quanto sta in Giustino. Quanto alla *Quellenforschung*, non si può limitare la ricerca alla controversa e tuttavia frammentaria individuazione di fonti perdute (Ieronimo, Duride, Filarco, fino a Timagene) a rischio di cadere nella sfuggente sequenza Giustino/Trogo/sua(e) fonte(i) [9]. La «vivisezione» del testo può far smarrire infatti il senso della storia dei Diadochi nell'economia delle *Filippiche* e la *tendenza* generale nella ricerca di

---

antiromani nella tradizione storica antica, «RIL» 61, 1928, 625-36, part. 630 s.; cf. poi P. Treves, *Euforione e la storia ellenistica*, Milano-Napoli 1955, 121.

[8] O. Seel, *Die Praefatio des Pompeius Trogus*, Erlangen 1955; L. Ferrero, *Struttura e metodo dell'epitome di Giustino*, Torino 1957; G. Forni, *Fonti*.

[9] Molto legata a questa impostazione appare la ricerca minuta di H.-D. Richter, *Untersuchungen zur hellenistichen Historiographie. Die Vorlagen des Pompeius Trogus für die Darstellung der nachalexandrischen hellenistichen Geschichte (Iust. 13-40)*, Frankfurt 1987.

Trogo *peri basileon* [10].

L'analisi storiografica ha cancellato l'ipotesi di un Trogo passivo ricopiatore di una sola fonte greca: sarebbe grave rischiar ora di formare quella di un pazientissimo ma indifferente «patchworker» di molte fonti, intento ad un lavoro erudito per cercare di superare il *segregatim* degli storici greci. Bisogna rivendicare a Trogo il suo valore di storico, cercando di capire quale fosse per lui il senso della storia dei re dopo Alessandro [11]. Il compito è reso arduo sia dallo stato dell'epitome, sia delle contraddizioni interne che portarono Trogo a dare del medesimo personaggio giudizi fortemente differenti [12]. Ma è poco u-

[10] Voluto è il richiamo alla questione di Timagene: pur se destinata a riproporsi ed a dividere chi accentua l'apporto dello storico d'Alessandria su Trogo da chi lo sminuisce o lo nega, essa ha fornito un «reagente» di grande utilità impegnando la critica ad approfondire le concezioni storiche di Trogo. In generale cf. M. Sordi, *Timagene, uno storico misoromano e filobarbaro*, ANRW II 30. 1, Berlin 1982, 775-97.

[11] Per la rivendicazione dell'originalità e del valore storiografico di Trogo cf. Treves, *Euforione*, 55, 112 ss.; O. Seel, *Pompeius Trogus und die Universalgeschichte*, ANRW II 30. 2, Berlin 1982, 1362-1423, part. 1379 ss.

[12] Cf. per un caso emblematico V. La Bua, *Pirro in Pompeo Trogo-Giustino*, in *Scritti Storico-epigrafici in memoria di Marcello Zambelli*, Roma 1978, 181-205; ma anche per Lisimaco cf. l'encomio nel libro 15 a confronto con i giudizi nel libro 17. Le contraddizioni interne a Trogo tendono a comporsi in unità in senso peggiorativo in Orosio, che da Giustino derivò circa la storia dei Diadochi (e non solo per quella) un fosco quadro di orrori e di tradimenti.

tile scaricare il peso delle «incoerenti» valutazioni di singoli problemi o fatti sulla varietà fuorviante delle fonti compulsate da Trogo, oppure sull'epitome di Giustino: i diversi criteri di selezione e gli obiettivi dello storico possono spiegare molti scarti. Il problema è dunque quello di seguire (o forse di individuare?) i modelli interpretativi di Trogo, tentando un'analisi unitaria del testo che evidenzi, «al di sotto» delle possibili suture di fonti diverse, un'idea del fatto raccontato, anche se invalida o contraddittoria. Un'idea che al «grado zero» potrà equivalere al semplice raccontare, al gusto ellenistico per il patetico, ma che a un livello superiore passa alla ricerca dell'esemplarità morale, per arrivare finalmente alla riflessione sul ruolo della Fortuna nella storia del mondo civile [13].

L'età iniziata con Alessandro è età di re. L'interesse di Trogo per l'idea monarchica è noto: dal re Nino vien fatta iniziare la catena storica che di monarca di monarca porterà a Roma. Non meraviglia così il tanto spazio riservato ai generali succeduti ad Alessandro. Oggi Giustino rappresenta il testo più completo per capire come a Roma si affrontasse storicamente la vicenda dell'epoca ellenistica: che cosa vide Trogo in quei re

---

[13] *Ekplexis, Paradeigma, Tyche* sono i corrispettivi greci dei tre livelli individuati da Seel, *Trogus*, 1409 ss.

che continuarono l'opera di Alessandro?

La risposta è naturalmente condizionata alla selezione operata sul testo-base. Le analisi moderne mostrano che Giustino per lo più riassume i temi rappresentativi secondo il criterio dell'utile e del curioso [14]. Conseguenza di tale procedimento è l'irregolarità delle presenze (e quindi delle assenze): il confronto tra i *prologi* trogiani e i libri di Giustino che da essi sono indipendenti [15] dimostra la caduta di passaggi anche importanti nella storia politico-militare; ma sono conservati ad esempio i quadri biografici di alcuni importanti re [16]. Non di meno le linee portanti della narrazione trogiana possono con qualche certezza essere ricostruite. L'attenzione riservata ai diversi momenti della storia ellenistica è qualitativamente varia: rispetto agli ampi ritratti dei Diadochi è ridotto lo spazio riservato ai loro discendenti, con l'eccezione molto significativa di Mitridate [17]. Se non è opera solo di Giustino, questa

---

[14] Cf. Seel, *Die Praefatio*, 16 ss.; Ferrero, *Struttura*, 107; Forni, *Fonti, passim*.

[15] Ferrero, *Struttura*, 15 ss.

[16] Lisimaco [15, 3, 1 ss.], Seleuco [15, 4, 2 ss.], Tolemeo [16, 2, 7 ss.], Agatocle [22, 1, 1 ss.], Pirro [25, 5, 3 ss.].

[17] Bios di Mitridate: 37,1 ss. Cf. per un inquadramento storiografico P. Desideri, *Posidonio e la guerra mitridatica*, «Athenaeum» 51, 1973, 1-62, 29 ss. Cf. per contro la scarsa attenzione per gli Attalidi, perno dei rapporti tra Roma e l'Oriente: il fondatore Filetero non è nominato da Giustino, né

limitazione illumina *per differentiam* sul taglio storico di Trogo, molto interessato ad Alessandro ad alle conseguenze della sua opera: nel seguito della sua storia dei regni ellenistici le vicende dei Seleucidi e dei Lagidi non mostrano più la tensione «morale» e politica che caratterizza invece la narrazione sui *conmilitones Alexandri.*

Centro «ideologico» dell'era ellenistica, la generazione dei Diadochi viene da Trogo seguita con sguardo unitario dalla morte del re fino all'*ultimum certamen* di Curupedion: l'ipotesi di una pedissequa dipendenza dalle fonti non può spiegare la compattezza di questo quadro, senza dire che la controversia sulle fonti riflette un'immagine di Trogo ideologicamente troppo monolitica [18], impegnativa per uno storico antico così «teopompeo» e quindi di riflesso un poco «erodoteo».

Alla morte del fondatore, nel 323 a.C., l'impero passa senza soluzione di continuità ai suoi generali. Il giudizio di Trogo circa la personalità dei Diadochi appare senz'altro improntato ad un taglio moralistico – accentuato ancora più dalla selezione di Giustino –. A ognuno dei Diadochi spettano un ritratto «etico» significativo e un giudizio nel complesso assai positivo, oscurato dalla considera-

vien dato spazio all'alleanza pergamena contro Antioco; invece si parla molto delle stranezze di Attalo III [36, 4, 1].

[18] Equilibrato giudizio in Mazzarino, *Pensiero*, 2, 1, 541.

zione che le virtù furono distrutte dalle discordie interne. Tutto è compiutamente illustrato nel passo in cui si anticipano – morto Alessandro – le future glorie dei Diadochi: i *philoi* di Alessandro rappresentavano singolarmente e nel complesso la *summa* della virtù dei veri re, non solo tra il loro popolo, ma rispetto al mondo intero:

> Sed nec amici Alexandri frustra regnum spectabant. Nam eius virtutis ac venerationis erant, ut singulos reges putares; quippe et formae pulchritudo et proceritas corporis et virium ac sapientiae magnitudo in omnibus fuit, ut qui eos ignoraret, non ex una gente, sed ex toto terrarum orbe electos iudicaret.
>
> [13, 1, 10s.]

L'eccellenza fisica e morale dei futuri protagonisti della storia universale [19] trova fondamento nella comune origine macedone e nella sapiente

[19] Cf. per esempio 15, 3, 15: a Lisimaco viene assegnata la Tracia *quasi omnium fortissimus; palmam virtutis inter ceteros tulit*; 25, 5, 3 ss. di Pirro con cui *nullum nec eius nec superioris aetatis regem comparandum* perché *tantis regibus invictus semper fuerit*; al di fuori del gruppo dei Diadochi cf. 33, 1, 1 sulla gloria dei Romani maggiore dalla guerra macedonica che dalla punica, perché i Macedoni erano più forti; 37, 1, 7 su Mitridate *cuius ea postea magnitudo fuit, ut non sui tantum temporis, verum etiam superioris aetatis omnes reges maiestate superaverit*; 41, 1, 7 sui i Parti che davanti ai Romani *soli ex omnibus gentibus non pares solum, verum etiam victores fuere.*

selezione operata dagli Argeadi:

> Macedonia floruit ... tam clarorum virorum proventu, quos primo Philippus, mox Alexander tanta cura legerat, ut non tam ad societatem belli quam in successionem regni electi viderentur.
>
> [13, 1, 12]

In simili uomini, considerati *unitariamente* da Filippo in poi, sta la chiave del dominio universale dei macedoni: nessuna meraviglia che essi abbiano conquistare il mondo, ma semmai l'osservazione che quella schiera di re virtuosissimi sarebbe restata invitta se non fosse stata rovinata dalla discordia. La loro lotta era destinata a far emergere lo scontro tra la grande virtù dei combattenti e il ruolo distruttivo della fortuna:

> Quis igitur miretur talibus ministris orbem terrarum victum, cum exercitus Macedonum, tot non ducibus, sed regibus regeretur? qui numquam sibi repperissent pares, si non inter se concurrissent, multosque Macedonia provincia Alexandros habuisset, nisi fortuna eos aemulatione virtutis in perniciem mutuam armasset [20].

[20] Giustino 13, 1, 14-15. Sull'importanza del passo cf. Momigliano, *Livio*, 504; Seel, *Trogus*, 1378 ss.

La storia descritta da Trogo è focalizzata sulla Macedonia e sull'Asia Minore [21]: questo spiega il moraleggiante rammarico per la potenziale grandezza dei regni ellenistici, dispersa in lotte sfiancanti. Fondamentale il tema del *certamen* per il potere alla morte di Alessandro [22], momento-chiave di cui viene evidenziata pateticamente la negatività per il futuro della Macedonia [23]: il conflitto si ripercuote con effetti sanguinosi tra i generali, poi re, successori di Alessandro, finché si arriva all'*ultimum certamen*, quello epocale e definitivo tra Lisimaco e Seleuco [24].

Quasi inevitabile l'accostamento di questo passo di Trogo con la nota pagina liviana ove si opina circa l'esito possibile dello scontro tra Alessandro e Roma [25]: la coincidenza dimostra come Trogo –

[21] Sul secondo punto cf. determinatamente Seel, *Weltgeschichte,* 298 [«Kleinasien steht fast immer in Mittelpunkt, es ist die Bühne, auf der Weltgeschichte ihr blutiger Spiel spielt»]: ammissione tanto più notevole in un critico programmaticamente volto a considerare la centralità «romana» di Trogo.

[22] Giustino 12, 15, 6. Cf. Curzio Rufo 10, 5, 5. Che il termine sia significativo è confermato ad es. anche da Trogo, *prol.* 35: *ut habita inter Ariarathen et Orophernem regni certamina.*

[23] Donde il ritorno del tema: *Macedonia in sua viscera armatur* [13, 6, 1/]; cf. 13, 1, 15 *in perniciem mutuam*; 15, 4, 23 *socii..in semet ipsos arma verterunt.*

[24] Giustino 15, 1, 1. e 17, 1, 9.

[25] Livio 9, 17-18. Sul passo Treves, *Mito*; Seel, *Weltgeschichte* 119 s.; Momigliano, *Livio*; L. Braccesi, *L'ultimo Alessandro (dagli antichi ai moderni*), Padova 1986, 43 ss. Note-

pur mutuando taluni temi da fonti greche – operasse un trasferimento o una rilettura dei problemi secondo categorie romane. Ciò non implica però che egli avesse una prospettiva romanocentrica: a differenza dall'augusteo Livio, Trogo guardava ai Diadochi come ad un'alta stagione della storia, preludio alla bipolarità politica del tempo suo tra Roma e i Parti [26]. La prospettiva universale del trionfalismo augusteo gli restava, nonostante taluni accenni verso il finale dell'opera, estranea [27].

Trogo narrava la storia dei Diadochi secondo linee guida per l'interpretazione della storia e del ruolo di Roma nel mondo: individuarle significa poter riconoscere – sotto la contraddittorietà nei particolari – la tendenza nel racconto storico prevalente rispetto agli scarti riconosciuti dagli storiografi moderni.

---

vole in particolare il confronto tra la Macedonia *che avrebbe avuto* tanti Alessandri [Trogo] e il senato che *fu* veramente formato di tanti *reges* [Livio].

[26] Sul punto cf. Treves, *Il mito*, 81 ss.: la prospettiva di Trogo non comprende il «terzo» polo, la Germania. Sulla «triangolazione» Roma/Parthia/Germania cf. ora L. Braccesi, *Alessandro e la Germania. Riflessioni sulla geografia romana di conquista*, Roma 1990, part. 81ss. Diversa e «ottimistica» interpretazione dei riferimenti di Trogo ai Parti in Seel, *Weltgeschichte*, 172 ss.

[27] Come visto con chiarezza, e da un punto di vista esterno alla *querelle* trogiana, da C. Nicolet, *L'inventario del mondo. Geografia e politica alle origini dell'impero romano*, tr. it. Bari-Roma 1989, 19 ss., part. 24.

Nelle pagine dello storico romano una chiara concezione «agonistica» fornisce il senso delle contese tra i successori di Alessandro: l'impero del mondo è rimasto presso i Macedoni nonostante la crisi successoria dopo il 323, grazie ad una feroce ma altissima lotta «a duelli successivi» ove poco a poco i contedenti si sono eliminati, passando da vincitori a vinti, e accrescendo la propria gloria con il trionfo su avversari già potenti. Alla fine di una stagione quarantennale di lotte e di valore Seleuco, sopravvissuto a tutti gli scontri, si presenta al duello con Lisimaco come ad un incontro di gladiatori [28]. Uscito vincitore dall'*ultimum certamen conmilitonum Alexandri* è detto *victor victorum*, degno quindi finalmente di raccogliere – o riunificare – l'impero universale fondato da Alessandro. La pagina di Trogo [29] merita d'essere rimeditata:

> Ultimum hoc certamen conmilitonum Alexandri fuit, et velut ad exemplum fortunae par reservatum. Lysimachus

[28] Cf. P. Goukowski, *Essai sur les origines du mythe d'Alexandre (336-270 av. J.-C.) II*, Nancy 1981, 136 s. Sul tema agonistico e sui termini «gladiatori» come *par* [17, 1, 2] cf. Ferrero, *Struttura*, 140; e anche 33 su *victor* e 138 su *in viscera convertere*.

[29] 17, 1, 9. La paternità trogiana è accertata da elementi linguistico-espressivi studiati da Forni-Angeli Bertinelli, *Pompeo Trogo*, 1304 s.: questi stilemi ricorrenti non sono solo forme

quattuor et octoginta annos natus erat, Seleucus septem et octoginta. Sed in hac aetate utrique animi iuveniles erant, imperiique cupiditatem insatiabilem gerebant, quippe cum orbem terrarum soli tenerent, angustis sibi metis inclusi videbantur vitaeque finem non annorum spatio, sed imperii terminis metiebantur.

In queste righe si condensano numerosi temi-chiave della tradizione, intrecciati con la prospettiva particolare di Trogo. Lo schema «agonistico» è qui sviluppato secondo una formula tanto importante da esser vistosamente rimarcata da un diptoto (*victor victorum*), ma la prospettiva d'analisi risente contemporaneamente di diversi motivi. V'è innanzitutto lo schema ideologico della *translatio imperii*, variante e sviluppo tematico dello scontro tra Oriente e Occidente; poi un modello agonale di tipo retorico-aneddotico (*tis aristos strategos*) e infine uno spunto moralistico realizzato sul piano linguistico con l'ambiguità e rovesciamento del concetto di «vincitore». Numerosi confronti provano che questa concettua-

---

retoriche ma anche chiave di interpretazione storica; ciò consente di leggere, sotto le diverse tradizioni storiografiche cui Trogo si richiamò in questa o quella parte dell'opera, le linee della sua visione.

lizzazione preesisteva a Trogo: tuttavia dall'intreccio di questi spunti egli ricavò uno strumento stilisticamente efficace e storicamente originale di analisi.

Trogo scrisse una storia universale in cui la *translatio imperii* implicava non solo il succedersi di un impero ad un altro, ma anche un progressivo moto del potere universale da Oriente a Occidente [30]. Nel seguire questo spostamento Trogo considera dapprima – poco più che come «premessa» – l'Oriente mesopotamico, quindi propriamente il mondo greco-macedone, cui viene contrapponendosi quello romano-occidentale (anche nella sua componente ispanica e celtica). La delineazione di tale contrasto tra Oriente e Occidente è un aspetto della «bifocalità» di Trogo, consapevole forse non tanto del ruolo di Roma come *telos* della storia [Seel], quanto della inevitabile «convivenza» di più poteri, quindi della non universalità di Roma [Treves, Mazzarino].

Come spesso avviene in Trogo, un nucleo concettuale pregnante (qui il confronto tra Oriente e Occidente) si «rapprende» in un nucleo espressivo di particolare incisività. Così la potenza dell'Oriente come simbolo della conquista ecumeni-

[30] Sul tema cf. Seel, *Weltgeschichte*, part. 142 ss., 204 s., e in generale cf. P. Fabbrini, *Translatio Imperii. L'impero universale da Ciro ad Augusto*, Roma 1983 (152 s. su Trogo).

ca si concretizza nella frequente formula *totius Orientis vires* [31]. Con la progressiva *translatio imperii*, inevitabile perché al mondo non possono essere due soli, le forze dell'Occidente si volgono a domare l'Oriente, sulla scia di una non negata superiorità [32] destinata ad essere posta in discussione dall'ascesa dei Parti, unici rivali dei Romani nella spartizione del mondo in zone d'influenza [33].

Ma Trogo rintraccia le radici del confronto tra le due zone del mondo in alcuni momenti epocali della storia passata, quasi a voler definire i precedenti della bipolarità sua contemporanea. Emerso già nella proposta di trattativa tra Alessandro e Dario, poi nel progetto di Alessandro il Molosso che cerca per sé l'Occidente, per Alessandro l'O-

---

[31] Cf. p. es. 5, 1, 9 circa l'intervento della Persia contro gli Ateniesi che *victores etiam interdum, consumpti magis fortunae varietate quam victi sunt*, e poi circa Mitridate contro Roma [35, 1, 9; 38, 3, 7; 41, 4, 5]. Cf. Seel, *Weltgeschichte*, 156s.

[32] Giustino 9, 5, 7 e 11, 12, 15. Il tema dell'Oriente ancora in 14, 2, 9 degli Argiraspidi, a 14, 4, 19 di Alessandro e poi Antigono, a 15, 3, 2 di Lisimaco che *viriumque gloria omnes, per quos Oriens domitus est, vicerit*; a 24, 4, 9 di Tolomeo Cerauno che orgoglioso rivendica il valore dei suoi soldati, che *totum Orientem soli domuerint*; cf. poi i numerosi riferimenti al *devictus Oriens* in 29, 38, 30, 1, 3, 30, 4, 6; 41, 1, 5. Sulla superiorità dell'Occidente in Trogo cf. Seel, *Weltgeschichte*, 146 s.

[33] *Penes quos velut divisione orbis cum Romanis facta nunc Orientis imperium est*: Giustino 41, 1, 1. Il ricorrere del tema a proposito di rapporti tra Roma e i Parti nel discusso passo conferma che esso è originale trogiano, cf. Seel, *Weltgeschichte*, 172 ss., 202 ss.

riente, il concetto ritorna appunto nello scontro decisivo tra Lisimaco e Seleuco, e poi con Roma, soprattutto a proposito di Filippo e Flaminino: a Cinoscefale i vincitori dell'Oriente e quelli dell'Occidente si affrontano [34], e si sta per compiere il passaggio dell'impero universale da Est a Ovest. Successivamente, nel confronto finale – più diplomatico che armato – tra la Roma ecumenica di Augusto e il regno dei Parti, la magnanimità dell'*imperator* appare superiore alle armi dei duci [35].

Anche il motivo del «*tis aristos strategos*» conosce multiformi incarnazioni nella tradizione antica, almeno a partire da una nota pagina temistoclea di Erodoto, poi nei racconti sulla morte di Alessandro e la consegna dell'anello «al migliore». La tradizione ha conservato poi frequenti aneddotiche *synkriseis* tra condottieri antichi, coetanei o meno: in Giustino è espediente di forte evidenza espressiva per sottolineare una chiave ideologica primaria, come già nel passo importante sul paragone tra Filippo II e Alessandro [36].

---

[34] Cf. rispettivamente Giustino 11, 12, 15 (Dario); 12, 2, 1 (Molosso), 17, 1, 12 (Seleuco), 30, 4, 8 s. (Filippo). Notevoli anche i prodigi per la fine del regno greco/macedone, vinto dai Romani, in 30, 4, 4 e 15.

[35] Giustino 42, 5, 12.

[36] Il passo di Erodoto è 8, 123-24; quello di Giustino è 9, 8. In generale cf. ora P. Baldwin, *Alexander, Hannibal and Scipio in Lucian*, «Emerita» 58, 1990, 51-60 su Luciano, *Dial.*

Finalmente il *lusus* fonico/retorico su *victor/victus/victoria* rappresenta certamente uno dei *colores* più drammatizzanti con cui Trogo caratterizzò «romanamente» la sua opera [37]. L'ambiguo scambio tra vincitore e vinto risale, se non a Plauto, ad Ennio; passa per Livio – che chiama la proscinesi *ingrata victis nedum victoribus* –, giunge non casualmente fino ad Orosio [38]: la notevole frequenza con cui Trogo vi ricorse ne svela l'importanza concettuale [39] e consente di leggere, al di là delle ipotesi spesso controvertibili sulla *tendenz* di questo o quel passo, una linea «unitaria».

La riflessione storica di Trogo sul primo elleni-

Mort. 25 in rapporto a Livio 35, 4, 1-9; Appiano, *Syr.* 10; Plutarco, *Flam.* 21, 1-5; *Pyrrh.* 8, 1-3. Cf. anche Plutarco, *reg. apopht.* 184c e *Pyrrh.* 9,3, per un analogo schema di eccellenza.

[37] Sul *color Romanus* e i *genuine Römische Denkschemata* di Trogo cf. Seel, *Weltgeschichte*, 88 ss. e 135 ss.

[38] Plauto, *Cas.* 510; Ennio, *ann.* 192 V^2; Livio 9, 18, 4; Orosio *e.g.* 4, 1, 14; 4, 3, 6, ecc.

[39] Cf. per esempio 2, 11, 1 *[non victi sed vincendi fatigati]*; 6, 3, 5-6 [di Conone]; 6, 4, 12 [di Agesilao e Conone]; 8, 1, 3 [di Filippo che costringe vinti e vincitori sotto di sè]; 9, 4, 2 [di Filippo che vince a Cheronea *ut victorem nemo sentiret*]; 11, 12, 8 [Dario pensa *gratum satis esse, si vincere nequeat, quod a tali potissimum vinceretur*]; 12, 1, 11 [di Agide contro Antipatro]; 12, 16, 12 [di Alessandro signore del mondo *victus denique non virtute hostili, sed insidiis suorum et fraude civili*; 14, 4, 3 [nell'allocuzione di Eumene ai soldati che l'hanno tradito: *vos me ex victore victum fecistis*; 14, 4, 19 [del trionfo su Eumene: *Tanto pulchrior haec Antigono quam Alexandro tot victoriae fuerunt ut, cum ille Orientem vicerit, hic etiam eos a quibus Oriens victus fuerit, superaverit*; 16, 2, 3 [di Seleuco vin-

smo non si esaurisce in un intreccio di temi e stilemi destinati a colorare esteriormente una trattazione anodina. Nell'esemplare pagina su Curupedion, Seleuco e Lisimaco avversari ottantenni non sono solo i protagonisti ultimi di una straordinaria avventura storica iniziata con Alessandro, ma anche gli emblemi eterni degli insaziabili e immorali potenti avidi di conquista. Il tono patetico e moraleggiante è segnato da espressioni tipicamente trogiane sull'*angustia* [40] e sul dominio universale [41]. Ma l'orizzonte ideale è più ampio: il motivo della *pleonexia*, che affiora con la massima evidenza, trova eco significativa in un importante passo plutarcheo ma ritorna altrove nella

---

citore, lieto *solum de cohorte Alexandri remansisse victoremque victorum extitisse*; 19, 3, 1 ss. [di Imilcone]; 22, 4, 2 [di Agatocle che porta la guerra in Africa *ut victus victoribus insultaret*; 25, 43 *[ad devincenda invictus]*; 30, 3, 9 [di Filippo V che accusa i Greci, vinti da Filippo e Alessandro, di volergli imporre condizioni come vincitori], 32, 1, 8 [di Filopemene]; 37, 1, 7-9 e 4, 2 [di Mitridate].

[40] Curupedion è narrata in 17, 1, 9-12. Cf. 23, 1, 2: Agatocle *quasi angustis insulae terminis clauderetur ... in Italiam transcendit*; 29, 2, 2: i Romani *non contenti Italiae terminis, imperium spe improba totius orbis amplexi* nelle parole di Demetrio di Pharos; 39, 5, 3: ancora dei Romani *Iam fortuna Romana porrigere se ad orientalia regna, non contenta Italiae terminis coeperat*: cf. Seel, *Weltgeschichte*, 112 ss.

[41] Cf. già le ambascerie universali ad Alessandro [12, 13, 2], quindi diverse espressioni relative al mondo dei Macedoni *toto orbe victores* con Alessandro [24, 4, 10; cf. 24, 5, 10]; alla loro eccellenza disprezzata dagli Etoli [28, 2, 12] e dagli Spartani [28, 4, 1], temuta dai Romani [29, 38; 30, 1, 3].

tradizione sull'ellenismo, se anche Curzio Rufo ne parla riguardo ai successori di Alessandro [42].

Questo moralismo legato al tema «filosofico» del rifiuto dell'insaziabilità e dell'ambizione smisurata dei potenti sembra inconciliabile con il modello «trionfale» evocato a proposito della finale vittoria di Seleuco. La contraddizione non risale certo a fonti passivamente ricopiate dallo storico poco scrupoloso: l'orizzonte concettuale di Trogo appare troppo compatto – anche nel povero sunto di Giustino – perché ci si contenti di simili schemi. In realtà le due prospettive s'intrecciano. Sullo schema agonale e sul «rimpianto» per la potenza macedone lacerata da *intestina bella* si sovrappone un generale e severo pessimismo [43].

Un superiore senso della giustizia fa «deviare» lo storico dalle linee di interpretazione avviate per la storia della Macedonia e dei Diadochi. Ecco allora il largo spazio ch'egli attribuisce al motivo della «punizione» dei potenti [44]. Dopo la

---

[42] *Pyrrh.* 12 e *Ib.* 7,3: in tutta la *Vita* il motivo ritorna ossessivamente; Curzio 10, 10, 5 ss.

[43] Romano, secondo l'inquadramento di Seel, *Trogus*, 1406, mutuato da Pöschl: cf. anche *Id., Weltgeschichte*, 181 ss.

[44] A cominciare da Alessandro e dal motivo del suo avvelenamento e dell'avversione degli Antipatridi verso la casa reale: cf. 12, 13, 10; 12, 16, 12 e 15, 2, 14, dove la *verecundia* porta i successori a non portare il nome di re in presenza di un ere-

grande vittoria di Curupedion Trogo evoca l'assassinio di Seleuco, perpetrato a tradimento da Tolomeo Cerauno: ma Seleuco *victor victorum* è poco differente dall'*hybristes* della tragedia attica, la sua morte poco dissimile dalla punizione di una soverchia tracotanza. Così Trogo può dire della Macedonia lacerata dalla guerra civile dopo la morte di Pirro che *tanta vel mobilitas militum vel fortunae varietas erat, ut vicissim reges nunc exsules, nunc reges viderentur* [45]. Dunque v'è nella riflessione storica di Trogo un forte accento fatalistico, di sapore «sallustiano» [46]: Seleuco a Curupedion è contemporaneamente un vincitore e un *exemplum fortunae*, simbolo della fragilità umana, come Pirro in fuga; la tragica fine del suo assassino Tolomeo riprova l'instabilità delle sorti umane [47].

---

de legittimo di Alessandro: sulla *ostentatio fragilitatis humanae* cf. Seel, *Weltgeschichte*, 211 ss.

[45] Su Seleuco 17, 2, 3-5; sulla Macedonia 26, 2, 12.

[46] Sul «sallustianesimo» moraleggiante di Trogo cf. pur sempre M. Rambaud, *Salluste et Trogue-Pompée*, «REL» 26, 1948, 171-89, part. 181ss.

[47] Giustino 16, 2, 3 (Seleuco); 23, 3, 4 (Pirro); 24, 3, 10 (Tolomeo). Lo schema ricorre in Trogo con coerenza anche formale di frasi caratteristiche. Sull'uso delle antitesi come strumentio espressivo cf. già L. Castiglioni, *Studi intorno alle «Storie Filippiche» di Giustino*, Napoli 1925, 133 ss. Sul ruolo della Fortuna nella punizione delle colpe cf. Seel, *Weltgeschichte*, 197 s. con esempi [26, 8, 12; 27, 2, 1-5; 27, 3, 12; 35, 2, 4; 39, 4, 6, etc.].

Così se da un lato il riconoscimento dell'eccezionalità dei Diadochi porta a dar spazio a grandi elogi, la drammatizzazione (anche più evidente nel sunto di Giustino) porta a sottolineare episodi crudi e «negativi» anche se frutto di una tradizione opposta a quelle precedentemente seguite [48]: l'eventuale contraddizione si risolve nella dimensione talora romanzescamente esemplare del racconto storico [49]. Seguendo la propria idea della storia dei Diadochi, Trogo non subì l'accostamento indifferente di tradizioni diverse, ma operò la sua selezione storica sovrapponendo differenti chiavi di lettura nell'ambito di una complessa prospettiva esemplare e moralistica.

Tali considerazioni sui criteri di lettura e selezione dei dati portano a ripensare il problema della «romanità» di Trogo. Il suo moralismo è stato visto come elemento di *color Romanus* [50],

---

[48] Per gli elogi cf. 13, 1, 15 e i singoli bioi. Per le contraddizioni cf. La Bua per Pirro e F. Landucci Gattinoni, *Lisimaco di Tracia*, Milano 1992, 17-24 per Lisimaco.

[49] Può esser utile ricordare simili contraddizioni nelle caratterizzazioni dello *stesso personaggio* in Vite *differenti* di Plutarco: ivi la disomogeneità delle tradizioni accolte passa in secondo piano di fronte alla necessità primaria per il biografo di delineare l'*ethos* del personaggio.

[50] Seel, *Praefatio*, 43 ss. e 57 ss. parla di «Geschichte als Galerie ethischer Exempla» positivi [Pirro; Mitridate; Annibale] e negativi [Cleopatra; Tolemei] giudicati secondo categorie *romane* come *avaritia, luxuria, mollitia, ludibrium fortunae.*

ma il peso dell'orizzonte greco nell'impostazione trogiana non va minimizzato: Momigliano notò che talune pagine di Trogo su Filippo II riportano «a stati d'animo e problemi che in un Romano non avevano senso» [51]. La campionatura relativa alla storia dei Diadochi può confermare questa nota, ma ancor più richiama il complesso intreccio tra temi greci (l'insistenza sui *conmilitones Alexandri*) [52] e motivi romani, mutuati magari dalla storiografia greca del IV secolo (la critica a *pleonexia* e *tryphe* e le riflessioni sallustiane su *avaritia* e *luxuria*).

Nel porre al centro della sua storia «filippica» simili temi Trogo aderì – non solo per la sezione dedicata ai Diadochi – al modo moralistico con cui la storia greca fu vista dalla storiografia romana [53]: ma quest'ultima usava come unici filtri della riflessione storica Roma e l'*exemplum*. Invece Trogo aveva un orizzonte più complesso, in cui le vicende del mondo greco, ed ellenistico in particolare, avevano una loro precisa autonomia,

[51] Momigliano, *La valutazione*, 231.

[52] Il motivo del *systrateuein Alexandroi* ebbe grande rilevanza nella storia e propaganda politica della prima età ellenistica: si pensi per esempio a Plutarco, *Dem.* 44, 6 e *Pyrrh.* 12, 8

[53] Con questa limitazione potrà accogliersi la prospettiva di Seel, *Praefatio*, 85 s., che vide in Trogo «Die erste und einzige universale, teleologisch-weltzeitliche Geschichte römischer Herkunft... nicht nur lateinisch nach der Sprache, sondern römisch nach dem Geiste und der Haltung».

eppure le categorie e i problemi erano «attuali», e dunque «romani»[54]. Le premesse metodiche risultavano con buona consapevolezza dalla *Praefatio* dove Trogo presentava la sua storia ispirata a fonti greche: in essa i lettori greci avrebbero trovato condensato quanto già separatamente noto, i lettori latini avrebbero veduto invece un'opera nuova.

Il rapporto di Trogo storico con la storia di Roma è complesso: lo prova la contrapposizione tra chi ha veduto in lui lo storico antiromano o «senza Roma» e chi vi ha trovato lo storico che scrisse «nach Rom hin», cioè in prospettiva «verso Roma»[55]. Non va accentuata l'opposizione tra le due prospettive: l'una rileva che la storia universale della *translatio imperii* era innegabilmente centrata già nel titolo sul mondo greco/macedone; l'altra richiama non solo l'esplicita dichiarazione dei libri 43-44 (evidentemente estranei al piano esadico), ma anche la conclusione «imperiale» sottesa al quadro universale dell'opera[56].

---

[54] Lo scarto tra punti di vista emerge assai bene dal raffronto con Appiano, su cui cf. G. Marasco, *Appiano e la storia dei Seleucidi*, Firenze 1983, 168-84: ad Appiano interessano sia il problema monarchico, sia la difesa contro i barbari, ma a differenza da Trogo egli non ha una connotazione moralistico-aneddotica, bensì biografico-politica.

[55] Sulle due tendenze cf. Forni-Angeli Bertinelli, *Pompeo Trogo*, 1318 e n. 93 con bibliografia.

[56] Altri spunti nelle osservazioni di L. Ferrero, *Rerum*

In effetti la prospettiva «romana» (comunque intesa) condiziona solo parzialmente l'opera, restando estranea, ad esempio, alla trattazione di Alessandro e dei Diadochi: il tutto senza (o con ridotta) prevalenza di una dimensione polemica né di un atteggiamento «filobarbaro» [57]. Nella storia universale di Trogo la vicenda di Roma può apparire sovrimposta e poco integrata alle precedenti, secondo la «bifocalità» che caratterizza le *Filippiche:* riguardo al passato la potenza di Roma non condiziona *sul piano del racconto* la trattazione della storia anteriore, riguardo al presente non risolve *sul piano politico* l'aporia del mondo dovuta alla *divisio orbis* con i Parti. A tale realtà il *color Romanus* di Trogo non sembra esser stato in grado di dare aspetto uniforme [58].

Carlo Franco

Scriptor, Trieste 1962, 85, secondo cui Giustino/Trogo «capovolge i termini di riferimento [di Livio] e pone idealmente la storia romana come condizionata e subalterna di uno sviluppo mondiale». Cf. anche I. Lana, *Velleio o della propaganda*, Torino 1952, 201 ss.: la *Universalgeschichte* di Trogo, che centra l'interesse storico sulla potenza macedone, ebbe carattere «di opposizione».

[57] Cf. però la *Romkritik* di cui Seel, *Weltgeschichte*, 180 ss. Altra può essere stata la posizione di Timagene [Sordi], che non va comunque appiattita su quella di Trogo.

[58] Cf. Treves, *Mito*, 43 ss.: la storia trogiana *senza Roma* è quella greco-ellenistica, che oblitera la distinzione greco-macedone e pone al centro la monarchia, dunque Filippo; più che antiromanità in lui è una «premessa metodica di "indipendenza" ellenistica» che collocava l'universalità (di facciata) augustea come ultima di una serie non inferiore.

IV
GIUSTINO E L'ALESSANDRO DEL PETRARCA

1.

Finalità ultima, e quasi trascendente, della *vita Alexandri* di Petrarca, inserita nel suo *De viris illustribus* [1], è quella di dimostrare la potenziale superiorità di Roma sul Macedone, se questi non fosse morto improvvisamente e avesse quindi rivolto contro l'Occidente l'armata con la quale gli era stato fin troppo facile conquistare l'Oriente. È questo esattamente l'assunto medesimo di Livio (9, 17-19), suo modello dichiarato, nel celebre, quanto antistorico, *excursus* su Papirio, duce destinato a resistere ad Alessandro se questi *arma Asia perdomita in Europam vertisset*. L'abbiamo precisato in altra sede [2], chiarendo come nella pa-

---

[1] Il testo che qui seguiamo è quello magistralmente fissato, nell'edizione nazionale, da G. Martellotti (Firenze 1964) 58-71, dove sono puntualmente annotati i rimandi alle fonti di Petrarca. Qualche integrazione, o minima correzione, è in queste pagine.

[2] Nel volume *L'ultimo Alessandro. Dagli antichi ai moderni*, Padova 1986 (=*UA*), 97 ss.

gina di Petrarca si riattualizzi anche la polemica liviana contro i *levissimi ex Græcis* in una nuova "querelle" ideologica contro i *levissimi ex Gallis*, suoi contemporanei.

Petrarca, contrariamente a Livio, scrive però una *vita Alexandri*, e per questo deve attingere a piene mani ad altri autori antichi prima di arrivare alla conclusione della biografia, e quindi al dopo-Alessandro, con la derivazione diretta dallo storico latino; anzi – come abbiamo detto – con la stessa riattualizzazione dei contenuti propagandistici della sua pagina. Ma quali questi autori? È presto detto; sostanzialmente due: Giustino e Curzio Rufo, citati da Petrarca stesso (§§ 40. 46. 47). Su questo problema, e sulle forme di tale derivazione, soffermeremo ora l'attenzione per mostrare come anche in seno a questi due autori egli di fatto ne preferisca, o comunque ne privilegi, uno solo: il nostro Giustino [3].

Ma prima è necessario ricordare come l'orizzonte documentario sulla storia antica si ampli sterminatamente da Dante a Petrarca, seppure ancora limitato a soli autori latini. Se il primo, per ricostruire la storia di Roma, poteva disporre solo di Floro (contrabbandato per Livio) [4]; il se-

---

[3] Sempre utile in proposito la consultazione di F. Rühl, *Die Verbreitung des Justinus im Mittelalter*, Leipzig 1871, *passim*.

[4] Fondamentalmente al riguardo la *lectura Dantis* di S. Ma-

condo, oltreché di Floro[5], dispone senz'altro di Livio, di Svetonio, della *Historia Augusta*[6] e di tutta una nutrita serie di autori minori[7]. Se il primo, per ricostruire la storia greca, poteva disporre al massimo di Orosio, autore tardo e cristiano; il secondo, oltreché di Orosio, dispone appunto di Giustino, che oltretutto integra, o può integrare, con alcuni biografi, quali Cornelio Nepote o Curzio Rufo, che lo documentano, con dovizia di particolari accessori, su singole personalità davvero emergenti nell'ambito del mondo ellenico.

Nell'ancora assoluta assenza di scrittori greci nella propria biblioteca, è dunque Giustino, epitomatore della storia universale di Pompeo Trogo, l'unico autore della classicità pagana di cui disponga il Petrarca per acquisire un'informazione esauriente e continua di storia greca. Con una trattazione che Giustino medesimo (*præf.* 1) dichiara di avere approntato allo scopo, ricordan-

---

riotti, *Il Canto VI del Paradiso* (1972), ora in *Studi medievali e umanistici*, Roma 1976, 87-113. Ulteriori considerazioni in *UA*, 83 ss.

[5] Sul quale vd. le nostre considerazioni in appendice al volume *Introduzione al «De viris illustribus»*, Bologna 1973, 126 ss.

[6] Sulla quale vd. sempre le nostre considerazioni in appendice al volume *Introduzione*, 130 ss.

[7] Esauriente documentazione, con rigorosa introduzione al problema, in G. Billanovich, *Petrarca letterato*, 1 (*Lo scrittoio del Petrarca*), Roma 1947, *passim*.

doci che Pompeo Trogo «ha composto una storia greca e universale in lingua latina» perché anche la storia greca «potesse essere letta» in questa lingua. Storia, questa epitomata da Giustino, che al Petrarca poteva davvero apparire storia greca per eccellenza, e quindi redatta o pensata in ambiente straniero, perché il suo autore, Pompeo Trogo, era un provinciale di origine gallica, la cui famiglia da non più di una o due generazioni aveva acquisito la cittadinanza romana. L'ambiente di provenienza dello storico era, in definitiva, assai più vicino al mondo greco dei vinti anziché a quello romano dei vincitori. Inoltre la sua storia universale senza Roma e talune palesi dipendenze da fonte antiromana [8] ne dovevano ulteriormente accreditare, agli occhi di Petrarca, la dimensione di straniero che quasi polemicamente scrive nella lingua dei vincitori la storia dei vinti. Non stupisce quindi che il poeta, reputando quella di Giustino una storia diversa, e comunque più vicina alle istanze culturali di popoli stranieri, gli assegni, trattando di Alessandro, il ruolo di fonte primaria, privilegiando – come diremo – tale storia "greca" e "universale" a quella "monografica" di Curzio Rufo.

---

[8] Sul problema richiama esaurientemente l'attenzione G. Cresci Marrone in questo volume, *supra*, 5 ss.

Ma Petrarca è più liviano di Livio, ed egli segue Giustino fintantoché questi non interferisce con dati di storia romana già definitivamente elaborati nella pagina del suo modello. Così, nell'*Invectiva contra eum qui maledixit Italie*, egli (p. 806 R.) reagisce violemente contro Giustino (43, 5, 8-9) che – in contrasto con Livio – afferma che i Romani scampano all'assedio gallico, non mercé l'intervento di Camillo, ma tramite il pagamento di un tributo in oro ottenuto in prestito da Marsiglia, città greca. Così, nella *via Alexandri*, egli (§ 46), con pari virulenza, inveisce sempre contro Giustino che – in distonia da Livio – lascia intendere che la conquista di Alessandro è stata di respiro ecumenico [9].

Gli esempi sono più che eloquenti. Dinnanzi a Livio impallidisce qualsiasi altro autore! Ma Livio non tratta di storia greca, e neppure determinatamente della storia di Alessandro, ed è questa la ragione per la quale Petrarca è costretto ad affidarsi alla testimonianza di altri autori: Giustino e Curzio Rufo. Il primo – come diremo – gli fornisce il materiale di base per costruire l'ossatura

[9] Discussione e documentazione sui due luoghi petrarcheschi in *UA*, rispettivamente, 123 s. e 105 ss. L'*Invectiva* è citata dall'edizione ricciardiana curata da P.G. Ricci (Milano-Napoli 1955) 768-806 in numerazione pari (testo) e 769-807 in numerazione dispari (traduzione).

della sua biografia; il secondo l'occasione per fare accessorio sfoggio di erudizione. Ma su entrambi questi autori domina pur sempre incombente l'ombra di Livio, che provoca una totale "livianizzazione" della pagina petrarchesca, tanto su piano ideologico quanto su registro stilistico.

Livianizzazione che, ideologicamente, procede secondo le movenze propagandistiche, e quindi diffamatorie, dell'*excursus* su Papirio, insinuandosi di continuo nella trama narrativa delle gesta di Alessandro con coloriture superflue tutte di stampo negativo. È facile esemplificare per il lettore che abbia a mente la pagina di Livio [10]. Già in apertura, accennando alle battaglie vinte dal Macedone, Petrarca specifica che esse furono sì molto numerose, e anche di grande portata storica, ma non certo conseguite con dispiego di maschia virtù considerando la natura imbelle del nemico (§ 1 *profectus ad Orientem gessit prelia, si pensetur cum quibus et qualiter gesta sunt, multa potius et magna quam fortia*). Poi, riferendo della generosità di Alessandro verso i familiari di Dario caduti suoi prigionieri, il poeta riconosce sì la sua grandezza di animo, ma annota che il vincitore non si

[10] Un'introduzione alla tematica dell'*excursus* su Papirio in *UA*, 43 ss. Vd. inoltre A. Coppola e Cresci Marrone in questo volume, *supra*, rispettivamente, 39 ss. e 5 ss.

è ancora corrotto nell'animo per i soverchi doni della buona sorte (§ 3 *nondum animo prosperis rebus alienato*). Notazione, questa, che nella pagina petrarchesca prelude alla repentina caratterizzazione negativa del protagonista della biografia, trovando puntuale conferma in tante successive note di colore: nell'Alessandro soggiogato dal vino (§ 43 *armis invictus vicit ebrietas*); nell'Alessandro dimentico dei costumi aviti (§ 4 *deserto more patrio*); nell'Alessandro vincitore dei Persiani, ma – orazianamente – vinto dai loro costumi (§ 5 *Persarum victor Persarum vitiis victus est*); nell'Alessandro rivestitosi di panni persiani in spregio alle usanze macedoni, ormai completamente dimenticate (§ 7 *immemor contemptorque Macedonum persicos mores induit atque habitum*); nell'Alessandro, in definitiva, a metamorfosi compiuta, più simile a Dario che a se stesso (§ 7 *Dario quam Alexandro similior*), e per questo, di giorno in giorno, più intrattabile, più collerico, più crudele e tanto più degradante nel vizio quanto più crescente la stella della sua effimera fortuna (§ 30 *Hec inter in dies intractabilior rex fiebat, inardescente ira atque sevitia, intumescente superbia, evanescente post fortunam animo et vitiis cum prosperitate crescentibus*).

Tutte queste connotazioni negative sono di marca liviana, e tanto divulgate che talune, seppure con altro sentire, ritroviamo presenti perfino all'interno della pagina di Giustino [11]. Ma in forma troppo blanda, o troppo criptica, perché Petrarca possa avvertirlo, rimanendone attratto. Egli dipende da Livio; anzi enfatizza e ricicla lo stesso assunto ideologico della sua pagina in funzione della riaffermata superiorità di Roma su Alessandro. E in tale enfatizzazione attribuisce, di suo, al Macedone altri due vizi topici di ogni tiranno: lo squilibrio mentale (§ 30 *nunc supra hominem mitis nunc immanis ut belua, nunc pudicissimus n unc profusus in Venerem, nunc famis sitisque contemptor et non patiens modo sed appetentissimus laborum nunc ignavi otii sectator vino se immodico et intempestivis conviviis obruebat*) e l'incontrollato appetito sessuale, che manifesta la sua *libido* anche nei confronti della più giovane delle figlie di Dario (§ 31 *Hec puella primum conspecta nichil animum regis inflexerat, sed per tempus captivitatis aut ipsa formosior aut ipse lascivior factus erat*).

La latente pazzia, che il Petrarca attribuisce ad Alessandro, seppure con connotazioni diverse, ha coloriture assai simili a quelle che la critica romantica, polemicamente, attribuisce a un presunto squilibrio del poeta [12]. Riferiamo la cosa per mera curiosità; ma ben lungi da noi l'idea che nel

[11] Così Cresci Marrone in questo volume, *supra*, 5 ss.

[12] Così, con mano pesante, L. Settembrini, *Lezioni di letteratura italiana*, a cura di V. Piccoli, 1, Torino 1927, 187 ss.

"suo" Alessandro tale critica abbia voluto intravedere un Petrarca che psicanalizzava se stesso. La *libido* sulle donne è, con lo squilibrio mentale, attributo tipico di ogni tiranno che si rispetti; ma Petrarca, per ignoranza di Plutarco [13], attribuisce al Macedone proprio una connotazione che quest'ultimo ci insegna essergli estranea: sia per suo dominio sulle passioni, sia per irrisolti problemi affettivi con la madre, sia, infine, per propensione o condizionamento sociale all'amore omosessuale.

L'indugio, o il compiacimento, sui vizi del tiranno non è privo poi di ulteriore risonanza. Induce infatti Petrarca, per attrazione negativa, a comparare l'immagine di Alessandro con quella di alcuni modelli latini di marca decisamente deteriore, sia nella propria ottica di resuscitato autore augusteo, sia nell'ottica, più lata, della credenza popolare. Ovviamente si tratta di comparazioni sottintese, e per giunta pervase di sotterranei echi letterari, ma non per questo meno incidenti nell'impatto con il lettore colto. Come il raffronto con Antonio, allorché il poeta ci informa del matrimonio di Alessandro con Rossane, cioè della sua unione *barbara cum coniuge* (§ 26

[13] I riferimenti in J.R. Hamilton, *Plutarch Alexander. A Commentary*, Oxford 1969, 12.56.

Roxanis barbare virguncule subito amore correptus); come quello ancora con Nerone, allorché egli ci narra dell'incendio di Persepoli, attizzato dal Macedone completamente ubriaco e per giunta irragionevolmente istigato all'azione da Taide, l'etera atenise (§ 9 *hanc eandem urbem, ad Thaidis meretricis ebrie suggestum assensumque mero calentium convivarum, ipse vino eque plenus incendit*).

2.

Tali le connotazioni di fondo della biografia petrarchesca su Alessandro. Ma è tempo di tornare all'assunto iniziale: cioè al suo rapporto di dipendenza da Giustino. Come abbiamo detto, per scrivere una *vita Alexandri*, Petrarca dispone, come sue fonti principali, tanto di Giustino quanto di Curzio Rufo. Contrariamente però a quanto ci potremmo aspettare, egli privilegia decisamente l'autore della storia "greca" e "universale" a quello della storia "monografica".

Su questo punto, importantissimo, soffermeremo ora l'attenzione, rileggendo con il lettore il testo di Giustino alla ricerca di sue dipendenze nella pagina di Petrarca e alla ricerca, soprattutto, nella medesima pagina, di parallele e contemporanee derivazioni dal dettato di Curzio Rufo. Solo così, infatti, possiamo concretamente verificare la nostra ipotesi di lavoro: che, cioè, l'un autore abbia costituito per Petrarca la fonte primaria, fornendogli la stessa impalcatura narrativa su cui poggiare la propria biografia, mentre l'altro la fonte secondaria, utile, soprattutto, per documentarlo su dati accessori.

Scrive Giustino (11, 6, 10. 14) che il primo scontro fra Alessandro e Dario avvenne ai *campi Adrastei*, presso il fiume Grànico, e che l'improvviso successo lo reso padrone di gran parte dell'Asia:

> Prima igitur congressio in campis Adrasteis fuit. [...] Post victoriam maior pars Asiæ ad eum defecit.

Gli fa eco Petrarca (§ 2) con identica rispondenza di dati e di concetti: *Darium Persarum regem [...] minima sourum et pene nulla iactura in campis quos Adastros vocant ita stravit ut eius fama victorie sibi partem magnam Asie subderet.* Curzio Rufo nulla in più, o di diverso, gli può suggerire causa la lacuna che interessa i primi due libri della sua opera.

Scrive Giustino (11, 9, 1) che l'esercito di Dario, schierato nella piana di Isso, ammontava a quattrocentomila fanti e centomila cavalieri:

> Interea Darius cum CCCC milibus peditum ac centum milibus equitum in aciem procedit.

Gli fa eco Petrarca (§ 2) con identica informazione numerica sull'armata pesiana: *Mox eundem Darium, centum milibus equitum et quadringentis peditum in aciem redeuntem, captis cesisque hostium innumeris, ad Pinarum seu Piramum Cilicie amnem vicit.* Curzio Rufo (3, 9, 1-6) sulla consistenza di tale armata ci conserva dati diversi; ma da lui (3, 8, 16. 8, 28. 12, 27) il poeta deriva l'informazione accessoria sul fiume *Pinarus*. Con questa fa a tal punto sfoggio di erudizione che cita erroneamente il medesimo fiume anche con la grafia *Piramus* desunta da Plinio (*nat.* 5, 27, 91); non accorgendosi però che la sua fonte menziona come *Pyramus* un altro e ben distinto fiume della Cilicia.

Scrive Giustino (11, 9, 11-12) che, a Isso, caddero in mano di Alessandro le ricchezze di Dario e insieme le sue donne; cioè la madre, la moglie-sorella e le giovani figlie:

> In castris Persarum multum auri ceterarumque opum inventum. Inter captivos castrorum mater et uxor eademque soror et filiæ duæ Darii fuere.

Gli fa eco Petrarca (§ 3) con sostanziale rispondenza di concetti: *Hoc prelio preda ingens regis opulentissimi, materque eius ac soror eademque et coniunx dueque iam adulte filie et filius adhuc infans capti omnes.* L'incontro fra i due autori è segnalato dalla puntuale rispondenza delle espressioni: *uxor eademque soror – soror eademque et coniunx*. Ma Petrarca, oltre alla memoria delle donne di Dario, aggiunge anche menzione di un suo pargolo *adhuc infans*. La notazione accessoria gli è suggerita da Curzio Rufo (3, 11, 24) che, per concessione al particolare patetico ritrae appunto la moglie di Dario, caduta prigioniera, con avvinghiato al seno un molto dubbio figlioletto, al quale il destino preclude repentinamente di ereditare la fortuna paterna: *receperat in sinum filium nondum sextum annum ætatis egressum, in spem tantæ fortunæ, quantam pater eius paulo ante amiserat, genitum*.

Scrive Giustino (11, 10, 1-3) che, dopo Isso, Alessandro, abbagliato dal lusso di Dario, cominciò a prediligere conviti sontuosi, degenerando nel costume e innamorandosi anche di una sua prigioniera; questa, Barsine, sposata, gli generò un figlio:

> Post hæc opes Darii divitiarumque adparatum contemplatus admiratione tantarum rerum capitur. Tunc primum luxuriosa convivia et magnificentiam epularum sectari, tunc et Barsinen captivam diligere propter formæ pulchritudinem coepit, a qua postea susceptum puerum Herculem vocavit.

Gli fa eco Petrarca (§ 4) con immediata rispondenza di concetti, e sempre riferendosi al dopo-Isso: *Non diutius tamen blande urgenti restitit fortune sed, deserto more patrio, in persicas lautias degeneremque mollitiem trucemque ac precipitem lapsus ebrietatem in libidinem quoque atque amorem etiam captivarum (quarum aliquas estu medio bellorum sibi matrimonio copulare non erubuit, ex quibus filios gigneret quibus subessent per quos vicerat Orientem)*, etc. Indubbia è qui la dipendenza da Giustino, sia per identità di contenuti, sia – soprattutto – per cronologia dell'accaduto, cioè per data d'inizio della prima degenerazione di costumi del re macedone. Non si può però escludere che il poeta in questo caso abbia fuso, in un'unica rifrangenza di memoria, la pagina di Giustino con la testimonianza di Curzio Rufo (8, 4, 29) che, in differente occasione, ma con identica nota di colore, l'informava di un altro figlio che un'altra prigioniera, Rossane, avrebbe generato ad Alessandro; figlio anch'esso destinato a regnare sui vincitori: *Hoc modo rex Asiæ et Europæ introductam inter convivales ludos matrimonio sibi adiunxit e captiva geniturus, qui victoribus imperaret.* La duplice dipendenza, per il poeta, è in effetti tanto più credibile se si consideri che egli parla gericamente di *captivæ* al plurale, non ponendosi il problema della scelta fra Barsine e Rossane.

Scrive Giustino (11, 10, 5), immediatamente di

seguito, che, dopo Isso, molte città dell'Asia rinunziarono a combattere, consegnandosi al vincitore insieme ai satrapi di Dario onusti di donativi in oro:

> quæ [*sc.* civitates] statim audita fama victoriæ ipsis Darii præfectis cum auri magno pondere tradentibus se in potestatem victorum venerunt.

Gli fa eco Petrarca (§ 5) esprimendo i medesimi concetti sempre in immediato proseguo di discorso: *multe urbes Asie cum ingenti thesauro multique reges supplices in deditionem sine prelio venere*. L'incontro fra i due autori è segnalato dalla puntuale rispondenza delle espressioni: *in potestatem ... venerunt - in deditionem ... venere*. Curzio Rufo (3, 13. 4, 1) in questo caso non suggerisce al poeta elementi accessori, né gli può ispirare echi formali di sorta perché la sua narrazione – fin troppo estesa – si slarga sull'arco di due capitoli.

Scrive Giustino (11, 10, 14. 11, 1), informandoci sull'assedio di Tiro, che la città fu presto conquistata a seguito di un tradimento e che, dopo la sua caduta, si consegnarono ad Alessandro, senza opporre resistenza, anche Rodi, l'Egitto e la Cilicia:

> non magno post tempore per proditionem [*sc.* Tyrii] capiuntur. Inde

> Rhodum Alexander, Aegyptum Ciliciamque sine certamine recepit.

Gli fa eco Petrarca (§ 5) con sostanziale rispondenza di concetti: *Tirum interea omnium Syrie ac Phenicis urbem nobilissimam aggressus, seu per proditionem seu per vim, utrunque enim traditur, eodemque fortune impetu sine bello Egiptum Ciliciamque subegit.* Interessante è qui la doppia versione dei fatti riferita dal poeta a proposito dell'assedio di Tiro: la tradizione sul tradimento (*per proditionem*) gli è suggerita da Giustino, mentre quella sull'urto frontale (*per vim*) da Curzio Rufo (4, 4) che dedica all'episodio un intero capitolo. In questo caso, trovandosi di fronte a due versione totalmente discordanti, egli onestamente le riferisce con asettica imparzialità senza privilegiare la testimonianza dell'una fonte sull'altra. Con un procedimento che – come vedremo – gli sarà sempre consentaneo nei rarissimi casi in cui si pone, o è costretto a porsi, problemi di critica delle fonti.

Scrive Giustino (11, 14, 6-7), riferendo della vittoria di Alessandro ad Arbela, che questa gli assicura il definitivo controllo sull'Asia:

> Hoc proelio Asiæ imperium rapuit, quinto post acceptum regnum anno;

cuius tanta felicitas fuit, ut post hoc nemo rebellare ausus sit.

Gli fa eco Petrarca (§ 6) con sostanziale identità di accenti: *Tertius haud procul Arbela, vico ignobili sed persica strage nobilitato, congressus fuit, paribus utriusque partis et copiis et fortuna; et hic quoque victor Alexander, quinto postquam regnare cepit anno, totius Asie usque ad Indos quesivit imperium, nullo usquam rebellare auso.* L'incontro fra i due autori è segnalato dalla puntuale rispondenza delle espressioni: *Asiae imperium rapuit – Asie … quesivit imperium; quinto post acceptum regnum anno – quinto postquam regnare cepit anno; nemo rebellare ausus – nullo … rebellare auso.* Ma in Petrarca compare il nome di Arbela, assente in Giustino, per chiarissima derivazione da Curzio Rufo (4, 9, 9): *Arbela vicum nobilem sua clade facturus.* È questo ancora una volta un dato accessorio che consente al poeta di fare sfoggio di grande erudizione con il ricordo, appunto, del villaggio dove trionfò Alessandro come *vicus ignobilis sed persica strage nobilitatus.* Non solo! Ma c'è di più. Il dato erudito l'attrae a tal punto da indurlo a impreziosire il proprio codice di Curzio Rufo con una chiosa di comparazione (p. 60 M.) fra Arbela e Canne; entrambe località ignote ma divenute famose per essere state teatro di battaglie epocali: *ad Harbelam perven-*

tum magno prelio nobilitandum vicum, sicut non multo post per Romanos ad Cannas Apulie [14].

Scrive Giustino (11, 14, 10), riferendosi all'espugnazione di Persepoli, che in quell'occasione caddero in mano di Alessandro sterminate ricchezze, mai contemplate da alcuno prima di allora:

> Expugnat et Persepolim, caput Persici regni, urbem multis annis inlustrem refertamque orbis terrarum spoliis, quæ interitu eius primum apparuere.

Gli fa eco Petrarca (§ 8) esprimendo, grosso modo, i medesimi concetti: *Post hoc tempus Persepolim, regni caput ditissimamque urbium unde multe olim clades a Persarum regibus Grecie invecte fuerant, expugnatam diripuerat*. L'incontro fra i due autori, seppure blandamente, è segnalato dalla puntuale rispondenza delle espressioni: *Persepolim, caput ... regni – Persepolim, regni caput*. In Petrarca però, per quanto concerne le offese mosse da Persepoli alla Grecia, c'è visibile contaminazione con la narrazione di Curzio Rufo (5, 6, 1): *Postero die, convocatos duces copiarum docet nullam infestiorem urbem Græcis esse quam regiam*

[14] Vd. Martellotti *ad loc.* (p. 60), con rimando a P. De Nolhac, *Le De viris illustribus de Pétrarque*, 2, Paris 1890², 95 ss.

veterum Persidis regum: hinc illa inmensa agmina infusa, hinc Dareum prius, dein Xerxem Europæ inpium intulisse bellum; excidio illius parentandum esse maioribus. Inoltre, sempre da Curzio Rufo (5, 7, 3-5. 10), egli (§ 9) deriva informazione sull'episodio di Taide con il quale conclude e arricchisce la sua narrazione: *Et oppugnatio inter iusta arma laudabilis direptioque tolerabilis, tertium quod sequitur prorsus infame; siquidem hanc eandem urbem, ad Thaidis meretricis ebrie suggestum assensumque mero calentium convivarum, ipse vino eque plenus incendit*. Taide, l'etera, diventa qui meretrice per debito di Dante. Ma altro, per noi è l'interesse di fondo. L'episodio è assente in Giustino, ed è questo di fatto l'unico dato, non relegabile fra le notazioni accessorie, che Petrarca deriva dalla narrazione di Curzio Rufo; cioè solo ed esclusivamente dalla narrazione di quella che ci pare essere la sua fonte secondaria. Questa, inaspettatamente, sembra proprio avergli preso la mano. Ma c'è una spiegazione per tale, insolito, comportamento del poeta, ovvero esso è privo di qualsiasi movente? La spiegazione c'è, ed è semplice; perché – come abbiamo già detto – l'episodio di Taide gli consente di colorire ancora più al negativo il personaggio di Alessandro che incendia Persepoli, rivestendolo dei panni piromani di Nerone e suggerendo quindi un raffronto sottinteso, quanto davvero demoniaco, fra i due personaggi.

Scrive Giustino (11, 15, 1-2) che i cognati incatenarono a tradimento Dario, con ceppi e catene d'oro, per propiziarsi così il favore del vincitore:

> Interea Darius in gratiam victoris a cognatis suis aureis conpedibus catenisque in vico Parthorum Thara vincitur.

Gli fa eco Petrarca (§ 11) con immediata rispondenza di concetti: *ne proditioni honor impius deesset, compedibus aureis vinxere, vel regnum illo occiso vel vivo tradito victoris gratiam sperantes.* L'incontro fra i due autori è segnalato dalla puntuale rispondenza delle espressioni: *aureis conpedibus ... vincitur – compedibus aureis vinxere; in gratiam victoris - victoris gratiam.* Espressioni, entrambe, che militano per una dipendenza base da Giustino anziché da Curzio Rufo (5, 12, 20), il quale pure annota nel contesto di una più lunga digressione: *Ne tamen honos regi non haberetur, aureis conpedibus Dareum vinciunt.* Ma, indugiando su questa testimonianza, dobbiamo rilevare ancora una volta come il poeta ben conosca Curzio Rufo, e proprio da lui tragga spunto per l'accessoria, quanto originalissima, nota di colore contenuta nella frecciata sarcastica *ne proditioni honor impius deesset.*

Scrive Giustino (11, 15, 5-15) della morte di Dario con abbondanza di molti particolari; Alessandro, percorse più miglia senza avere trovato traccia di Dario, concesse ai cavalli la possibilità di riprendere fiato; fu allora che un soldato, mentre si recava alla fonte più vicina, trovò Dario esanime su un carro, trafitto da molte ferite; un prigioniero gli fu subito recato innanzi e il re, avendolo riconosciuto per persiano, disse che, pur in tanta disgrazia, aveva almeno la fortuna di affidare le sue estreme parole a persona in grado di intenderlo; gli disse quindi di riferire ad Alessandro che egli moriva debitore verso di lui della generosità riservata alle proprie donne cadute prigioniere; il suo comportamento era stato ben dissimile da quello dei molti parenti che avevano tramato contro di lui pur essendone stati beneficati; egli, morendo, pregava così gli dèi tutti per il suo vincitore, perché gli consentissero la vittoria e l'impero su tutta la terra; a lui chiedeva solo una sepoltura decente e, insieme, una vendetta esercitata nel nome della comune causa dei re; distese quindi la mano e spirò; il Macedone, reso omaggio al cadavere, pianse quella morte e ordinò che il corpo, onorato come si conveniva a un re, fosse deposto nelle tombe della sua famiglia:

> Emensus deinde plura milia passuum cum nullum Darii indicium repperisset, respirandi equis data potestate unus e militibus, dum ad fontem proximum pergit, in vehiculo Darium mul-

> tis quidem vulneribus confossum, sed spirantem adhuc invenit; qui applicito captivo cum civem ex voce cognovisset, id saltim præsentis fortunæ habere se solacium dixit, quod apud intellecturum locuturus esset nec incassum postremas voces emissurus. Perferri hæc Alexandro iubet: se nullis in eum meritorum officiis maximorum illi debitorem mori, quod in matre liberisque suis regium eius, non hostilem animum expertus felicius hostem quam cognatos propinquosque sortitus sit; quippe matri et liberis suis ab eodem hoste vitam datam, sibi a cognatis ereptam, quibus et vitam et regna dederit [...]. Alexandro referre se, quam solam moriens potest, gratiam, precari superum inferumque numina et regales deos, ut illi terrarum omnium victori contingat imperium. Pro se iustam magis quam gravem sepulturæ veniam orare. Quod ad ultionem pertineat, iam non suam, sed exempli comunemque omnium regum esse causam, quam neglegere illi et indecorum et periculosum esse [...]. Quæ ubi Alexandro nuntiata sunt, viso corpore defuncti tam indignam illo fastigio mortem lacrimis prosecutus est corpusque regio more sepeliri et reliquias eius maiorum tumulis inferre iussit.

Gli fa eco Petrarca (§§ 13-14) con identica rispondenza di dati e di concetti: *Quem [sc. Darium] cum Alexander multum insecutus assequi nequivisset datoque viris atque equis respirandi spatio substitisset, Polistratus forte miles quidam macedo, siti affectus, dum castris proximum fontem petit, Darium semianimem invenit adhibuitque unum ex captivis interpretem. Quem cum Darius sue gentis esse ad sonum vocis agnosceret, recollecto spiritu, solamen sibi esse miserie ingens ait quod ultimas eius voces intellecturus exciperet; gratias Alexandro agi imperat, quod ab eo hoste clementer habitus in suis qui in potestate eius essent, a propinquis autem qui ei omnia debuissent impie trucidatus sit; orare se omnes deos ut pro his eius in se meritis sibi totius orbis imperium largiantur; precari etiam sepulture munus, dari dignum potius quam peti; ultionis curam illi committere, cum indigne cesos reges ulcisci regum maxime intersit. His dictis porrectaque dextera exanimatus est. Quod audiens Alexander et corpus invisit et tanto regi lacrimas dedit ac regiam sepulturam.* Manca in Giustino solo il nome di Polistrato, *unus e militibus*, che Petrarca, per sfoggio di erudizone, attinge ancora una volta, come particolare accessorio, dalla narrazione di Curzio Rufo (5, 13, 24): *Haud procul erat fons, ad quem monstratum a peritis Polystratus Macedo siti maceratus accessit.* Ma è questo l'unico dato che egli può attingere da Curzio Rufo, perché nella sua opera, proprio all'inizio dell'episodio, la narrazione si interrompe per una vistosa lacuna che abbraccia la fine del quinto libro e l'inizio del sesto. Lacuna, peraltro, della quale il poeta ben si avvede e alla quale, nel suo codice, cerca di supplice con un dotto rinvio proprio alla pagina di Giustino [15]. Operando così un raccordo logico che di fatto conferma quanto siamo venuti argomentando: che, cioè, egli legga la storia "monografica" su Alessandro con occhio fisso al racconto di una più ampia trattazione di storia universale.

Scrive Giustino (12, 5, 10-11) che Besso, il responsabile primo della morte di Dario, cadde in mano di Alessandro e che questi, per punirlo del suo tradimento, lo consegnò al fratello del defunto re persiano perché lo torturasse:

> Interea unus ex amicis Darii Bessus vinctus perducitur, qui regem non solum prodiderat, verum et interfecerat. Quem in ultionem perfidiæ excruciandum fratri Darii tradidit.

Gli fa eco Petrarca (§ 15) con sostanziale identità di accenti: *Bessum alterum qui occiso rege ipse regium insigne susceperat, captum a suis Darii ger-*

[15] La chiosa di Petrarca è riferita sempre da De Nolhac, *Le De viris*, 2, 97. Vd. anche Martellotti *ad loc.* (p. 61).

mano suppliciis consumendum tradidit. L'incontro fra i due autori è segnalato dalla puntuale rispondenza delle espressioni: *fratri Darii tradidit – Darii germano ... tradidit.* È però dal molto più esauriente racconto di Curzio Rufo (7, 4, 3) che il poeta desume il particolare accessorio delle insegne regali assunte da Besso a seguito del suo tradimento: *parto per scelus regno.*

Scrive Giustino (11, 11, 6-8) che Alessandro, desideroso di attribuirsi un'origine divina, mandò alcuni fidi a corrompere i sacerdoti del tempio di Zeus Ammone in Egitto perché lo salutassero come figlio di dio; ottenuto quanto desiderava, ordinò quindi anche ai suoi di ossequiarlo in identica maniera:

> Igitur Alexander cupiens originem divinitatis adquirere [...] per præmissos subornat antistites, quid sibi responderi vellet. Ingredientem templum statim antistites ut Hammonis filium salutant. Ille lætus dei adoptione hoc se patre censeri iubet.

Gli fa eco Petrarca (§ 16) esprimendo, grosso modo, i medesimi concetti: *His atque aliis successibus elatus Alexander, supraque hominem sese gerens seque Iovis Ammonis filium credi volens, et ob hanc causam templum eius adiit et, mendacio adiutus antistitum, non se iam ut hominem salutari sed ut deum adorari iussit.* L'incontro fra i due autori è segnalato, seppure blandamente, dalla comune ricorrenza del vocabolo *antistes* e della forma verbale *iubet* o *iussit.* Curzio Rufo (4, 7), che non usa il termine *antistes*, né suggerisce al poeta elementi accessori, né gli ispira echi formali.

Scrive Giustino (12, 6, 17) che il filosofo Callistene era stato condiscepolo di Alessandro alla scuola di Aristotele e che, proprio per questo antico legame, il Macedone l'aveva voluto presso di sé come storico delle sue gesta:

> Multum profuere Callisthenis philosophi preces; condiscipulatu apud Aristotelen familiaris illi et tunc ab ipso rege ad prodenda memoriæ acta eius accitus.

Gli fa eco Petrarca (§ 17) con immediata rispondenza di concetti: *Calisthenes philosophus, olim sub Aristotile condiscipulus Alexandri, et tunc ad mandandum literis gesta regis tranquillo ex otio turbidam in militiam evocatus.* L'incontro fra i due autori è segnalato dalla puntuale rispondenza delle espressioni: *Callisthenis philosophi – Calisthenes philosophus; condiscipulatu apud Aristotelen – sub Aristotile condiscipulus; ad prodenda memoriæ acta – ad mandandum literis gesta; accitus – evocatus.* Peraltro anche il *multum profuere*

Callisthenis philosophi preces, relativo all'episodio di Clito, trova puntuale rispondenza in un altro luogo di Petrarca (§ 21), il quale ricorda come Alessandro, per il rimorso, voleva uccidersi e come appunto ne fu distolto da Callistene: [...] *se se vellet occidere, Calisthenes eum ante alios ab illa desperatione retraxerat.* Curzio Rufo (8, 6-8) in questo caso né suggerisce al poeta elementi accessori, né gli ispira echi formali.

Scrive Giustino (15, 3, 3-5) che, essendosi Callistene opposto all'usanza del saluto persiano, Alessandro, ritenendolo complice di una congiura ordita contro di lui, gli aveva fatto crudelmente mutilare le membra; quindi, con le orecchie e le labbra mozzate, e con il naso reciso, aveva ordinato che fosse rinchiuso con un cane in una gabbia che doveva essere portata in giro per terrorizzare gli astanti:

> Quippe cum Alexander Magnus Callisthenen philosophum propter salutationis Persicæ interpellatum morem insidiarum, quæ sibi paratæ fuerant, conscium fuisse iratus finxisset eumque truncatis crudeliter omnibus membris abscisisque auribus ac naso labiisque deforme ac miserandum spectaculum reddidisset, insuper in cavea cum cane clausum ad metum ceterorum circumferret.

Gli fa eco Petrarca (§ 18) con sostanziale identità di accenti: *Quem sani consilii oblitum et insanie regie resistentem, falsi criminis conficta suspitione, membris truncum labiisque abscissis et naso atque auribus deformatum ad miserrime vite ludibrium reservavit, virum magnum et si faleras dimoveas, se maiorem ad terrorem spectantium cavea inclusum cum uno vili cane circumferens*, etc. Petrarca parafrasa il testo di Giustino, e la sua dipendenza in questo caso è tanto più importante perché tutto l'episodio è assente sia nella pagina di Curzio Rufo sia – possiamo aggiungere – nella restante tradizione [16]. Il poeta (§ 19) però, pur derivando da Giustino, non attribuisce, con lui, la morte di Callistene alla pietà di Lisimaco, che gli avrebbe somministrato un veleno, bensì a un'esecuzione sommaria, ordinata da Alessandro e avvenuta fra indicibili torture: *Cuius tam indigno supplicio non contentus, insontem noxiis ac damnatis immiscuit, torquerique fecit usque dum inter tormenta deficiens interieret.* Il particolare, che qui diviene accessorio, gli è suggerito da Curzio Rufo (8, 8, 21): *Callisthenes quoque tortus interiit.* Egli si trova dunque a scegliere tra due tradizioni relative al supplizio di Callistene e, non

[16] La documentazione è riferita e discussa da L. Prandi, *Callistene. Uno storico tra Aristotele e i re macedoni*, Milano 1985, 29 s.

volendo scegliere, non trova soluzione migliore che quella di fondere insieme, in forma unitaria, la discordante testimonianza delle sue fonti; senza avvedersi che, così facendo, infligge al filosofo una duplice tortura.

Scrive Giustino (12, 5, 4) che, dopo le morti di Parmenione e di Filota, i soldati cominciarono a fremere commiserando la loro sorte innocente; presero anche, apertamente, a mormorare di non avere a sperare per sé nulla di meglio:

> Fremere itaque omnes universis castris cœpere innoxii senis filiique casum miserantes, interdum se quoque non debere melius sperare dicentes.

Gli fa eco Petrarca (§ 25) esprimendo i medesimi concetti: *Quorum mortes non aliter quam parentum aut fratrum exercitus omnis ingemuit neque hunc dolorem tacitum tulit, sed seditiosis ac mestis querimoniis prosecutus est*. L'incontro fra i due autori è segnalato, più che dalla puntuale rispondenza di singole espressioni, dal loro susseguirsi in identico ordine logico: il *fremere ... cœpere* rivive nell'*ingemuit*, il *dicentes* nel *neque ... tacitum*. Curzio Rufo (6, 8-11. 7, 2, 11-33) in questo caso né suggerisce al poeta elementi accessori, né gli ispira echi formali.

Scrive Giustino (15, 2, 5) che, dopo la morte del Macedone, Cassandro fece uccidere a tradimento Rossane con il giovanissimo figlio, ormai unico erede dell'impero:

> alterum quoque filium cum matre Roxane pari fraude interfecit.

Gli fa eco Petrarca (§ 26) con sostanziale identità di accenti: *Roxanis barbare virguncule subito amore correptus, que [...] post eius interitum a Cassandro, qui regem occiderat, cum filio quem ex ipso genuerat interfecta est.* Ovviamente l'identità di accenti si limita alla notizia sulla morte di Rossane; ma il dato è importante perché ancora una volta è assente nella pagina di Curzio Rufo che non spazia sulla storia ellenistica. L'informazione sul ruolo di Cassandro nel presunto assassinio del Macedone può derivare al poeta tanto da Giustino (12, 14, 6) quanto da Curzio Rufo (10, 10, 17). Solo da quest'ultimo (8, 4, 25), viceversa, gli viene l'espressione *barbara virguncula* che impreziosisce la notizia sull'improvvisa passione amorosa di Alessandro: *tunc in amore virgunculæ [...] ignobilis ita effusus est.*

Scrive Giustino (12, 8, 6-8) che Poro, catturato da Alessandro, per il dolore di essere stato vinto, né volle prendere cibo né tollerò che gli venissero curate le ferite; ciò indusse il vincitore, ammirato della sua virtù, a rimandarlo incolume al suo regno:

> Porus multis vulneribus obrutus capitur. Qui victum se adeo doluit, ut, cum veniam ab hoste accepisset, neque cibum sumere voluerit neque vulnera curari passus sit ægreque sit ab eo obtentum, ut vellet vivere. Quem Alexander ob honorem virtutis incolumem in regnum remisit. Duas ibi urbes condidit.

Gli fa eco Petrarca (§§ 27. 29) esprimendo i medesimi concetti: 27 *Porus regum unus restitit prelioque captus in potestatem venit, qui se victum tam iniquo tulit animo ut cibum vulnerumque remedia respueret, mori volens; qua magnitudine animi delectatus Alexander in amicis habuit eumque et vivere compulit et regnare.* 29 *Multas interim per extrema terrarum urbes condidit.* L'incontro fra i due autori è segnalato dalla puntuale rispondenza delle espressioni: *victum se adeo doluit ut – victum tam iniquo tulit animo ut; duas [...] urbes condidit – multas [...] urbes condidit.* Inoltre, in entrambi i contesti, le città di nuova fondazione sono menzionate in stretto rapporto di dipendenza agli eventi della spedizione indiana. Ma, oltre Giustino, ben presente al poeta è qui anche Curzio Rufo (8, 14, 45) che gli suggerisce la notazione accessoria su Poro immesso da Alessandro nell'accolta dei suoi amici: *Aegrum curavit [...] confirmatum contra spem omnium in amico-*

rum numerum recepit. Il *delectatus*, che sottolinea l'indole capricciosa del sovrano, è tutto di Petrarca e risponde al criterio della sua "livianizzazione" delle fonti sul Macedone.

Scrive Giustino (12, 8, 10-11) che l'esercito di Alessandro, in India, parimenti sfinito dalle vittorie e dalle fatiche, lo pregò piangendo di porre termine alla sua marcia; lo supplicò, cioè, di volersi ricordare anche dell'esistenza della patria, avendo riguardo all'età dei suoi soldati ai quali il resto della vita sarebbe stato appena sufficiente per tornarvi:

> Inde [...] exercitus omnis non minus victoriarum numero quam laboribus fessus lacrimis eum deprecatur, finem tandem bellis faceret; aliquando patriæ reditusque meminisset, respiceret militum annos, quibus vix ætas ad reditum sufficeret.

Gli fa eco Petrarca (§§ 27-28) con sostanziale rispondenza di concetti: *Inde per ultima Orientis prospere potius quam prudenter circumactus exercitus, flentibus sepe militibus et laborum finem atque etati iam debitam missionem nunc miserabili nunc contumaci oratione flagitantibus*, etc. L'incontro fra i due autori è segnalato, più che dalla puntuale rispondenza di singole espressioni, dall'identità delle notazioni-chiave: le lacrime dell'esercito, la fine delle fatiche, l'età dei soldati, la speranza, infine, del ritorno o del congedo. Inoltre, su entrambi i contesti, domina un *inde* in identica e simmetrica posizione proemiale. Curzio Rufo (9, 4, 16-18) in questo caso né suggerisce al poeta elementi accessori, né gli ispira echi formali. Il *prospere potius quam prudenter*, che sottolinea la sconsideratezza dell'indole regia, è tutto di Petrarca e risponde nuovamente al criterio della sua "livianizzazione" delle fonti sul Macedone.

Scrive Giustino (12, 9, 1) che Alessandro, vinto dalle preghiere dei soldati, si dirige al fiume Acesine, attraverso il quale raggiunge l'Oceano:

> Inde Alexander ad amnem Acesinem pergit; per hunc in Oceanum devehitur.

Gli fa eco Petrarca (§ 29) esprimendo, grosso modo, i medesimi concetti: *voluit et occeanum navigare et paravit classem tentavitque rem non tam utilem quam famosam, ingenti discrimine indi amnis Agisinis alveo descendens ac repulsus tempestatibus*. In questo caso si potrebbe però dubitare di un incontro fra i due autori, dato che anche in Curzio Rufo (9, 3, 20) ricorre menzione del fiume Acesine. Ma proprio il tradito *Agisinis* denunzia la precisa dipendenza di Petrarca da un manoscritto di Giustino (p. 114 S.) che attesta la lezione *Agesinas*; fornendoci un dato altrimenti importante per indagare in profondità sulla consistenza della sua biblioteca. Curzio Rufo (9, 4, 9-14), viceversa, suggerisce al poeta l'informazione accessoria per l'inciso *repulsus tempestatibus*. Il *tentavit rem non tam utilem quam famosam*, che sottolinea l'effetto-immagine della conquista, è tutto di Petrarca e risponde ancora una volta al criterio della sua "livianizzazione" delle fonti sul Macedone.

Scrive Giustino (12, 10, 7-9) che Alessandro, ritornato a Babilonia, ricevette, tramite ambasciatori, da parte delle genti sottomesse, accuse contro i suoi governatori; egli allora fece giustizia, condannandoli a morte al cospetto degli stessi legati; quindi, sempre a Babilonia, sposò Statira, figlia di Dario:

> [...] Babyloniam redit. Ibi multæ devictæ gentes præfectos suos accusaverunt, quos sine respectu amicitiæ Alexander in conspectu legatorum necari iussit. Filiam post hæc Darii regis Statiram in matrimonium recepit.

Gli fa eco Petrarca (§ 31) con immediata rispondenza di concetti: *Babilonem rediens quedam crudeliter in prefectos suos, alia petulanter in se gessit, unam ex Darii filiabus apud se captivam in coniugium sibi adiugens*. L'incontro fra i due autori è segnalato dalla puntuale rispondenza delle espressioni: *Babyloniam redit – Babilonem rediens*. Inoltre, in entrambi i contesti, comune è l'uso del termine *præfecti*. Anche Curzio Rufo (10, 4, 12) sa delle nozze fra Alessandro e Statira, ma la sua testimonianza non può essere per il poeta primaria, perché scissa da qualsiasi concatenazione logica con l'evento narrato in precedenza; cioè con la punizione dei governatori infedeli.

Scrive Giustino (12, 11, 8) che, non riuscendo con la parola Alessandro a placare una sedizione sorta fra i soldati, egli, disarmato, balzò in mezzo a loro, arrestando di sua mano i più facinorosi, senza che questi, o i loro compagni, osassero opporre resistenza:

> Ad postremum cum verbis nihil proficeret, ad corripiendos seditionis auctores e tribunali in contionem armatam inermis ipse desiluit et nemine prohibente tredecim correptos manu sua ipse ad supplicium duxit.

Gli fa eco Petrarca (§ 32) esprimendo i medesimi concetti: *Alia ibi quoque seditiose in eum ab exercitu acta sunt; quem tumultum, quia verbis non poterat, manu comprimere adortus et inermis irruens in armatos principesque seditionis ad supplicium trahens, rem turbatam [...] composuit.* L'incontro fra i due autori è segnalato dalla puntuale rispondenza delle espressioni: *in contionem armatam inermis ... desiluit – inermis irruens in armatos*. Curzio Rufo (10, 2, 8-30. 3, 1-6) in questo caso né suggerisce al poeta elementi accessori, né gli ispira echi formali.

Scrive Giustino (12, 13, 6-8) che Alessandro, a Babilonia, riprese la consuetudine dei banchetti da tempo interrotta; allontanandosi da uno di questi conviti, protrattosi per una notte e un giorno, il tessalo Medio, rinnovata la baldoria, l'invitò a bere; brindò egli, ma, come colpito da un proiettile, emise un gemito, lasciando ammezzata la coppa:

> Reversus igitur Babyloniam multis diebus otio datis intermissum olim convivium sollemniter instituit; totusque in lætitiam effusus cum diei noctem pervigilem iunxisset, recedentem iam e convivio Medius Thessalus instaurata comisatione et ipsum et sodales eius invitat. Accepto poculo media potione repente velut telo confixus ingemuit.

Gli fa eco Petrarca (§ 33) con sostanziale identità di accenti: *His tandem curisque omnibus aliis depositis, intermissum morem renovans profusissimum convivium celebravit, in quo cum perdius ac pernox insanisset, abeuntem unus ex medicis nova, credo, aliqua voluptate detinuit. Ibi porrecto a suis periit veneno. Quo hausto cum quasi ferro ictus exclamasset*, etc. L'incontro fra i due autori è segnalato dalla puntuale rispondenza delle espressioni: *intermissum ... convivium ... instituit – intermissum ... convivium celebravit; velut telo confixus – quasi ferro ictus*. Inoltre l'annotazione petrarchesca *unus ex medicis* deriva sempre da Giustino, dove egli legge per errore *medicus Thessalus* in luogo di *Medius Thessalus* [17]. Curzio Rufo nulla in più, o di diverso, può suggerire al poeta causa la lacuna del libro decimo; lacuna che ci preclude la possibilità di documentarci ulteriormente sull'improvviso e fatale malore del Macedone.

Scrive Giustino (12, 14, 7) che il veleno, propinato ad Alessandro, era di tale potenza da corrodere recipienti di bronzo, di ferro e di terracotta; poteva solo essere contenuto in uno zoccolo di cavallo:

> cuius veneni tanta vis fuit, ut non ære, non ferro, non testa contineretur, nec aliter ferri nisi in ungula equi potuerit.

Gli fa eco Petrarca (§ 34) con sostanziale identità di accenti: *Eius quidem veneni, nam nec id silentio obruendum reor, tantam vim fuisse tradunt*

[17] L'errore di lettura è puntualmente segnalato da Martellotti *ad loc.* (p. 66).

ut ferrum quoque consumeret, neque aliter e Macedonia, ubi oritur, advehi potuisse nisi equi sive, ut alii dicunt, iumenti ungula. L'incontro fra i due autori è segnalato dalla puntuale rispondenza delle espressioni: *veneni tanta vis fuit – veneni ... tantam vim fuisse; in ungula equi - equi ungula.* L'inciso di Petrarca *ut alii dicunt* si riferisce a Curzio Rufo (10, 10, 16) che, in una narrazione dalle movenze assai simili, ci informa invece che il veleno era contenuto in un'*ungula iumenti.* Ancora una volta il poeta, seppure su un particolare minimo, non sceglie fra due discordanti tradizioni, riferendole entrambe.

Scrive Giustino (12, 15, 1) che Alessandro, presentendo imminente la morte, disse di riconoscere in sé il destino della propria stirpe, poiché i più degli Eacidi erano soliti morire entro i trent'anni:

> Quarto die Alexander indubitatam mortem sentiens agnoscere se fatum domus maiorum suorum ait, nam plerosque Aeacidarum intra XXX annum defunctos.

Gli fa eco Petrarca (§ 36) con immediata rispondenza di concetti: *«Fatum» inquit «mee gentis agnosco». Eacidarum enim de stirpe quamplurimi circa trigesimum vite annum periere.* L'incontro fra i due autori è segnalato dalla puntuale rispondenza delle espressioni: *agnoscere ... fatum - fatum ... agnosco; plerosque Aeacidarum - Eacidarum ... quamplurimi; intra XXX annum defunctos - circa trigesimum vite annum periere*. Curzio Rufo nulla in più, o di diverso, può suggerire al poeta causa sempre la lacuna del libro decimo.

Scrive Giustino (12, 15, 8-9) che, morendo Alessandro, i suoi compagni gli chiesero chi nominasse erede dell'impero; «il più degno» avrebbe egli risposto, pure a scapito dei diritti successori di suo fratello Arrideo, di suo figlio Eracle e, se maschio, del figlio ancora che gli stava per generare Rossane:

> Cum deficere eum amici viderent, quærunt, quem imperii faciat heredem. Respondit «dignissimum». Tanta illi magnitudo animi fuit, ut, cum Herculem filium, cum fratrem Arridæum, cum Roxanen uxorem prægnantem relinqueret, *etc.*

Gli fa eco Petrarca (§ 37) con identica rispondenza di dati e di concetti: *Dehinc milites flentes magnifice consolatus, querentibus quem regni vellet heredem «Dignissimum» ait: generosa vox ex ore presertim filium ac fratrem et uxorem gravidam reliquentis*. L'incontro fra i due autori è segnalato dalla puntuale rispondenza delle espressioni: *quem imperii faciat heredem – quem regni vellet heredem; uxorem prægnantem relinqueret – uxorem gravidam reliquentis.* Inoltre, in entrambi i contesti, comune è la risposta di Alessandro. Curzio Rufo (10, 5, 5) in questo caso né suggerisce al poeta elementi accessori, né gli ispira echi formali. Nella sua pagina, oltretutto, il *dignissimus* si stempera nell'*optimus* per più pregnante ossequio alla tradizione di successione dinastica della Roma imperiale [18].

Scrive Giustino (12, 15, 12) che Alessandro, agonizzante, si tolse l'anello dal dito e lo consegnò a Perdicca, sedando con il gesto una contesa sorta fra i suoi compagni su chi fosse il più degno a succedergli:

> Sexta die præclusa voce exemptum digito anulum Perdiccæ tradidit, quæ res gliscentem amicorum dissensionem sedavit.

Gli fa eco Petrarca (§ 38) con apparente identità di accenti: *et quamvis postmodum supremo spiritu, voce iam perdita, Perdicce eductum digito*

[18] Anche questo potrebbe essere un elemento da tenere presente, o comunque da non trascurare, nella *vexata quæstio* sulla datazione di Curzio Rufo; tanto più che non sono mancate voci – seppure isolate e minoritarie – che l'hanno abbassata al II e addirittura al III secolo. Per un'informazione generale, vd. F. Minissale, *Curzio Rufo. Un romanziere della storia*, Messina 1983, 7 ss.

suo anulum daret, que heredis instituendi species olim fuit, discordiam tamen voce quam severat gestu tacito extirpare non valuit. L'incontro fra i due autori è segnalato dalla puntuale rispondenza delle espressioni: *exemptum digito anulum Perdiccæ – Perdicce eductum digito suo anulum.* Curzio Rufo (10, 5, 4) in questo caso né suggerisce al poeta elementi accessori né gli ispira echi formali; tanto più che antepone l'episodio dell'anello alla designazione dell'*optimus.* Ma Petrarca, pur derivando da Giustino, se ne discosta vistosamente affermando che il gesto tacito di Alessandro «non valse» a soffocare la discordia montante. La sua, però, non è devianza priva di costrutto. È, seppure tardiva, una vera e propria presa di distanza da Giustino; la quale, anche se ci può sbalordire, è pienamente in asse con l'estremo approdo ideologico della sua biografia che è e deve essere condizionata dalla testimonianza di un unico autore: cioè da quella di Livio. Questi, appunto, tratteggia un quadro assolutamente negativo del Macedone, additandone come precaria la conquista anche a causa della mancanza di una sua eredità unitaria. E il poeta lo segue, pure a costo di contraddire il dettato delle Sacre Scritture o di polemizzare con il dato offerto da Giustino e da Curzio Rufo, che sono i suoi autori dichiarati: cioè (§ 43) gli *scriptores nobiles et latini.* Ma il problema

– sul quale già abbiamo richiamato l'attenzione [19] – esula qui dal nostro assunto.

3.

Sbaglia dunque la critica nell'additarci Curzio Rufo, anziché Giustino, quale fonte primaria di Petrarca. Come fa il Cary [20] nel più organico contributo dedicato all'argomento; il quale, parlando della *vita Alexandri*, non ha remore a scrivere che «his primary source was Quintus Curtius, with occasional excerpts from Iustin, and references to Cicero, Pliny, Seneca, and the book of Maccabees».

Ma – come abbiamo visto – le cose stanno altrimenti, e giova senz'altro, conclusivamente, riassumere i risultati dell'indagine in forma chiara e schematica.

1) Non esistono luoghi della biografia di Petrarca in cui questi, come fonte primaria, privilegi Curzio Rufo a Giustino. Dinnanzi alla testimonianza di un medesimo avvenimento, l'un autore gli fornisce il dato di base, sul quale egli costrui-

[19] In *UA*, 100 ss.

[20] G. Cary, *Petrarch and Alexander the Great*, «Italian Studies» 5, 1950, 43-55, part. 47. Vd. inoltre, più in generale, Id., *The Medieval Alexander*, Cambridge 1956, 266 ss.

sce la propria trama narrativa, e l'altro, Curzio Rufo, l'elemento accessorio. Dinnanzi a una palese discordanza della testimonianza dei due autori, egli poi non sceglie, sia perché ancora ignoti gli sono gli strumenti della critica delle fonti, sia perché, per lui, la scientificità della trattazione storica si esaurisce nell'erudita segnalazione dell'esistenza di più tradizioni.

2) Non esistono luoghi della biografia di Petrarca in cui questi selezioni dati di base assenti in Giustino e presenti, viceversa, in Curzio Rufo. L'unica eccezione ci è fornita dall'episodio di Taide; ma, a ben vedere, si tratta di una falsa eccezione, o comunque di un'eccezione depistante. Infatti l'anomala derivazione da Curzio Rufo si giustifica in Petrarca con proprie, personali, esigenze di carattere ideologico che nulla hanno in comune con l'autore cui attinge.

3) Ritroviamo, viceversa, più e più luoghi della biografia di Petrarca in cui questi può derivare la propria narrazione solo ed esclusivamente da materiali presenti in Giustino. Questi, infatti, è la sua unica fonte là dove latita la trattazione di Curzio Rufo o per estese lacune testuali o per rigida scelta di limiti cronologici. Giustino, in particolare, l'informa degli avvenimenti anteriori alla battaglia del Grànico e posteriori alla morte di Alessandro. Avvenimenti, appunto, ignoti a Curzio Rufo. In questi casi, però, il poeta né muta tono

narrativo né inverte registro stilistico proprio perché seguita tranquillamente ad attingere alla sua fonte primaria senza doversi preoccupare delle lacune o delle omissioni della sua fonte secondaria.

4) Ritroviamo un caso in cui Petrarca cita un idronimo noto tanto a Giustino quanto a Curzio Rufo. La sua grafia è però leggermente anomala, e tale da consentirci di trovarne raffronto solo nella lezione di un codice di Giustino oggi non più privilegiata.

5) Ritroviamo ancora un altro caso in cui Petrarca cade in errore. Ma quest'ultimo si giustifica solo sulla base di Giustino e di una sua errata lettura da parte del poeta.

Dunque Giustino! Che questi sia l'autore, il vero autore, seguito da Petrarca lo possiamo dimostrare, peraltro, anche sulla base di un altro raffronto che, conclusivamente, proponiamo all'attenzione: di fatto un raffronto ideologico in ambito di sovrapposizione di strutture narrative.

La biografia di Petrarca, nonostante la sua buona informazione, contiene una grossolana, quanto ingiustificabile, svista cronologica. Quella – già avvertita dalla critica [21] – che lo porta a retrodatare, a dopo la morte di Dario, la visita di

[21] Vd. in proposito Martellotti *ad loc.* (p. 62).

Alessandro ai sacerdoti di Zeus Ammone in Egitto dai quali riceve l'investitura divina. La svista non è però casuale, e tradisce un preciso spessore ideologico. Il poeta, a nostro avviso, sposta a dopo la morte di Dario il viaggio di Alessandro in Egitto perché, solo dopo questo evento, che coincide con la conquista dell'Asia, egli si sofferma a informarci sulla sua crudeltà; la quale, per lui, è appunto strettamente dipendente dall'atto di empietà che l'induce a farsi proclamare figlio di dio. Di qui, dall'investitura divina (§ 16), trae origine prima l'efferatezza del suo carattere, in un rapporto di causa-effetto con tre sanguinosi delitti, anch'essi di necessità sfalsati nella loro cronologia: la condanna di Callistene (§§ 17-20), l'uccisione di Clito (§§ 21-23) e l'assassinio di Parmenione e del figlio Filota (§§ 24-25).

Orbene, tale costruzione narrativa non è originale, non è di Petrarca, ma trae spunto ancora una volta dalla pagina di Giustino. Questi (11, 11, 12) data sì correttamente il viaggio di Alessandro in Egitto, ma osserva, a conclusione dell'episodio, che l'essere stato riconosciuto figlio di Zeus aumentò l'arroganza e la superbia nel suo animo «facendogli perdere quella socialità che aveva appreso dalla cultura letteraria dei Greci e dalla tradizione dei Macedoni»:

Hinc illi aucta insolentia mirusque

animo increvit tumor exempta comitate, quam et Græcorum literis et Macedonum institutis didicerat.

Dunque il rapporto di causa-effetto, fra l'investitura divina di Alessandro e la successiva degenerazione del suo carattere, non è di Petrarca, ma di Giustino. Ciò avvalora ancora una volta il rapporto di dipendenza dell'un autore dall'altro, sottolineandone l'incontro anche a livello di sovrapposizione di strutture narrative. Incontro che si rivela tanto più incidente se poi riflettiamo sul fatto che le *Græcarum litteræ* e i *Macedonum instituta*, di cui Alessandro pare dimentico, sono ammonizione moraleggiante sull'immediato futuro e quasi sua prefigurazione concreta. Questo, infatti, di lì a poco si materializza nel contrasto fatale del Macedone con Callistene (esponente primo delle *Græcarum litteræ*) e nel suo urto, non meno violento, contro Clito prima e Parmenione e Filota poi (rappresentanti insigni dei *Macedonum instituta*). Orbene, nella narrazione di Petrarca, al ricordo del viaggio di Alessandro in Egitto, seguono proprio, senza soluzione di continuità gli episodi di Callistene, di Clito e di Parmenione e Filota. Il particolare è davvero parlante, e tale da esimerci da ulteriori chiose superflue.

Possiamo dunque concludere. La *vita Alexan-*

dri tende, ideologicamente, ad armonizzarsi con la testimonianza di Livio; ma, poiché il sommo storiografo non è anche biografo del Macedone, deve di necessità, nella sua struttura di base, appoggiarsi a un altro autore, che è Giustino. Questi da Petrarca è privilegiato a Curzio Rufo perché non scrittore limitatamente monografico, bensì storico totalizzante e, anzitutto, storico della grecità.

Lorenzo Braccesi

L'EREDITÀ DELL'ANTICO

Passato e Presente

1. L. BRACCESI, *L'antichità aggredita* (memoria dell'antico e poesia del nazionalismo)
2. M. GUGLIELMINETTI, *Saul e Mirra*
3. L. BRACCESI, A. COPPOLA, G. CRESCI MARRONE, C. FRANCO, *L'Alessandro di Giustino* (dagli antichi ai moderni)

Finito di stampare in Roma
nel mese di giugno 1993 per conto de
«L'ERMA» di BRETSCHNEIDER
dalla Tipografia «GRAFICA 891»
Via Melbourne, 10 – Roma